民族魂

学生成长励志故事读本

诚实守信故事

陈志宏◎编著

延边大学出版社

· 延吉 ·

图书在版编目（CIP）数据

诚实守信故事 / 陈志宏著 . —延吉：延边大学出
版社，2013.3（2024.1 重印）
ISBN 978-7-5634-5403-7

Ⅰ . ①诚…　Ⅱ . ①陈…　Ⅲ . ①品德教育—中国—青年
读物 ②品德教育—中国—少年读物　Ⅳ . ① D432.62

中国版本图书馆 CIP 数据核字 (2013) 第 049010 号

诚实守信故事

主编：陈志宏
责编：郭玉玲
封面设计：映像视觉
出版发行：延边大学出版社
社址：吉林省延吉市公园路 977 号　邮编：133002
电话：0433-2732435 传真：0433-2732434
网址：http://www.ydcbs.com
印刷：天津市天玺印务有限公司
开本：155×220 毫米　　　1/16
印张：8
字数：50 千字
版次：2013 年 03 月第 1 版
印次：2024 年 01 月第 4 次印刷
书号：ISBN 978-7-5634-5403-7
定价：38.00 元

民族魂，是一个民族的精髓，体现了一种民族的精神，是民族存在的精神支柱。

说起民族的精神，人们通常都会想到爱国主义。从古代的屈原、岳飞，到近代为保卫祖国领土完整的人民英雄；从古代的发明家张衡、毕昇，到今天为祖国的建设事业贡献力量的科学家；从古代的李白、杜甫，到今天为民族文学艺术的提高而不懈奋斗的文学家……在他们身上，都体现出一种广义的爱国主义和爱国精神。

爱国主义是一种伟大的民族精神，也是中华民族的传统美德，与我们祖国上下五千年的历史一样源远流长。作为一种巨大的精神力量，它对中华民族的历史发展与进步产生了重大的影响。

前 言

在我国古代历史上，不仅出现过许多杰出的政治家、军事家、思想家、文学家、科学家、艺术家，还出现过一大批忧国忧民、鞠躬尽瘁的仁人志士和抗击外敌、抵御入侵的民族英雄。他们或开发和改造祖国的河山，创造灿烂的中华文明；或英勇反击民族压迫和外来侵略，捍卫国家的主权和民族的尊严；或坚决反对民族分裂，维护国家的统一和民族的团结；或顺应历史潮流，积极改革弊政，励精图治，治国安邦，施利于民……他们从不同的侧面体现了中华民族的爱国主义精神，谱写了爱国主义的壮丽诗篇，铸造了中华民族坚不可摧的"民族

之魂"。

人们之所以将爱国主义精神作为中华民族精神的主要特征，是因为19世纪以来的中华民族饱受外来民族的欺凌、压迫和剥削，从而需要以爱国主义来凝聚人心、努力奋斗，从而获得民族的解放。

翻开中国近代史册，最触目惊心的是一场场的战争、一件件的国耻。深重的民族灾难，撞击着每一个爱国者的心。帝国主义列强发动了第一次鸦片战争、第二次鸦片战争、中法战争、中日甲午战争、八国联军之役等大小100多次战争。每一次战争，都以强迫清政府签订不平等条约而结束。

面对亡国灭种的威胁，华夏大地的炎黄子孙们掀起了波澜壮阔的爱国热潮，创造了光照千秋的爱国主义业绩。中华民族所散发出来的民族精神，无论在深度和广度上都是前无古人的。无数民族英雄、志士仁人，在救国图存、振兴中华的斗争中所表现出来的爱国精神，既是对中华民族古代爱国主义传统的继承与发扬，又具有鲜明的时代特征。

除了爱国主义之外，勤劳、勇敢、诚信、团结、知礼、尊贤、节俭、敬业，热爱和平、不屈不挠、自强不息、励精图治、开拓创新等，也都是中华民族的精神精髓，是中华民族灵魂的具体表现。在五千年的历史中，我们的先辈在这片土地上，以这种高尚的品行和美德不

民族魂——学生成长励志故事读本

断地开辟，才有了如今屹立于世界民族之林的东方强国。作为一个有着漫长历史的积淀与升华的民族，伟大的民族精神早已烙刻在了我们每个人的灵魂深处，与我们的血肉融合在一起。

青少年是国家的希望，也是民族不断发展和延续的根本。总有一天，我们的民族精神、我们祖国的这片神奇的土地要传到当代青少年手中。从这个意义上来说，我们民族精神的生机与活力，我们祖国的命运与前途，也掌握在青少年的手中。因此，青少年的爱国主义教育和励志图强教育也就显得更加重要。为了增强和提升国民教育，尤其是青少年的爱国主义精神、民族精魂志向，我们精心编写了本套丛书——《民族魂——学生成长励志故事读本》丛书。

民族魂
学生成长励志故事读本
前 言

本套丛书将有史以来体现民族精神和民族灵魂的典型事迹，以通俗易懂的故事形式娓娓道来，非常适合青少年的阅读水平和欣赏口味。书中提供了古往今来多个典型人物和事件典范，展现出的人物也涉及社会的各个层面，有利于青少年立心、立志、爱国、进取，从而全方位地领悟中华民族的精神、灵魂之所在。

在本套丛书中，为帮助读者更好地理解和学习这些源远流长的美好精神，我们还在每一篇故事后面给出了"心灵物语"，旨在令故事更加结合现代社会，结合我们自身的道德发展，提高我们的民族爱国精神，并由此

而引发读者进一步的思考。

深刻的哲理人生，表现了博大精深的文化；精彩的人物事迹，道出了励精图治的典范；历代的爱国故事，喻出了民族精神的深意；高尚的品德展现，浓缩了上下五千年的灿烂文明……我们希望，青少年朋友们通过阅读本套丛书，能够受到深刻的爱国主义教育，能够真正体会到中华民族的灵魂所在，同时更能够汲取精华、励精图治，为提升自己的个人素质、为祖国未来的建设和发展作出努力。

全套丛书分类编排，内容详尽，文字优美，风格独具，是广大读者，尤其是青少年爱国励志教育的优秀读物。我们相信，本套丛书一定可以成为青少年朋友们的良师益友。

民族魂——学生成长励志故事读本

导言

　　诚实是做人之本，是中华民族传统美德的基本德目。诚实就是忠诚老实，待人处世以诚相待，实事求是。所谓"君子养心莫于诚""巧伪不如拙诚""以诚感人者，人亦以诚而应"，说的都是这个道理。

　　诚实，于己是一种心灵的释放，是对自身人格和未来面目的一种尊重；于人则是一种交往的道德，是把握了良心和正义的一种大度和自信。情操、襟怀、气节、信仰等为人的好品格都是以诚实为基础。没有"诚实"，交友不会是好朋友，经商也不会是好商人，为官更不会是好官。凡是变心的朋友、变味的商人、变质的干部，大多是从不诚实这个缺口渐变的。

　　诚实的内涵丰富，诚实的品质在社会生活各个领域的体现，可以有许多道德信条和行为。诚实及于政治领域，可以形成坚定的政治信念，为信守真理视死如归，光明磊落，襟怀坦白；为官清廉刚正，敢讲真话；任人举荐，唯贤是举，唯能是用。诚实及于社会各个行业中，会形成高尚的职业道德。在科学研究中，讲求实事求是、锐意探索、百折不挠地追求真理；在商业活动中，讲求货真价实，公平交易，童叟无欺以信取胜；在育人活动中，讲求教书育人，诲人不倦，奉献爱心，忠于职守，等等。诚实及于人际交往中，就会形成良好的美德。

　　本书中，我们精选了历史上诚实守信的经典故事，希望读者通过对阅读此书，从中受到启迪和教育。当代青少年应以祖国优秀的先人为榜样，继承、发扬诚实做人的美德，批判"老实人吃亏""不说谎话办不成大事"的错误思想，树立以诚实为荣、不诚实为耻的观念。做到为人处世不造假，不说谎，不欺骗，讲诚实，讲信义。要勇于坚持真理、反省错误。对撒谎失信、言行不一的人要敢于进行批评和帮助。不自欺，不欺人，做一个诚实守信的人。

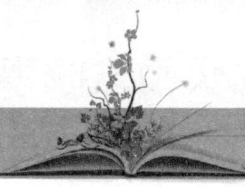

目录
CONTENTS

第一篇　待人诚恳

2　管仲领罪不失诚

5　鲍子都诚实无欺

8　阎敞守信不欺孤

11　班超忠诚又坦荡

16　陈纪卖房不掩短

19　甄彬如数还金

22　两文人以诚相帮

24　陆元方卖房守信

28　明山宾卖牛无诈

31　齐白石以画换菜感人

34　徐特立解断指真相

第二篇　君子坦荡

38　郑玄弃注让服虔

40　皇甫绩诚实求打罚

43　杜甫不吝人打枣

47　幼年司马光说谎受训

51　朱晖不负生死之托

54　太史慈不爽约

57　张辽闻过则改

60　宋濂为官诚实无欺

64　少年梁启超诚实守信

67　瞿秋白襟怀坦白

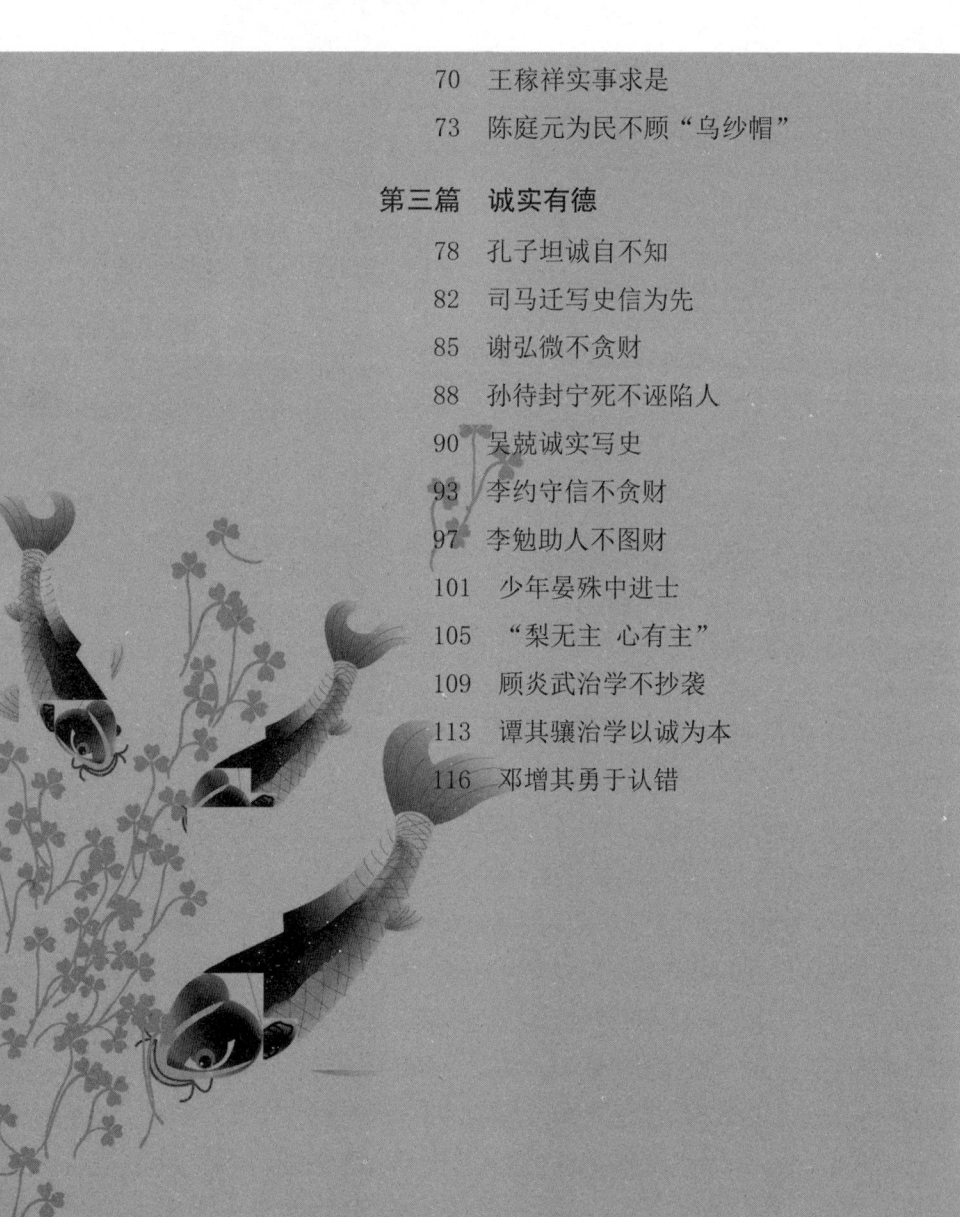

70　王稼祥实事求是

73　陈庭元为民不顾"乌纱帽"

第三篇　诚实有德

78　孔子坦诚自不知

82　司马迁写史信为先

85　谢弘微不贪财

88　孙待封宁死不诬陷人

90　吴兢诚实写史

93　李约守信不贪财

97　李勉助人不图财

101　少年晏殊中进士

105　"梨无主　心有主"

109　顾炎武治学不抄袭

113　谭其骧治学以诚为本

116　邓增其勇于认错

第一篇
待人诚恳

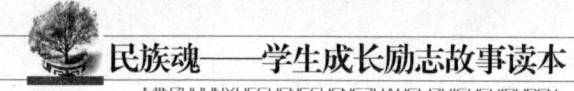
管仲领罪不失诚

管仲（？—前645年），中国春秋时期齐国颍上（今安徽颍上）人，名夷吾，字仲，谥曰敬，故又称敬仲，史称管子。春秋时期齐国著名的政治家、军事家。周穆王的后代，管仲少时丧父，老母在堂，生活贫苦，不得不过早地挑起家庭重担，为维持生计，与鲍叔牙合伙经商后从军，到齐国，几经曲折，经鲍叔牙力荐，为齐国上卿（即丞相），被称为"春秋第一相"，辅佐齐桓公成为春秋时期的第一霸主，所以又说"管夷吾举于士"。管仲的言论见于《国语·齐语》，另有《管子》一书传世。

管仲是春秋初期著名的政治家。公元前658年，管仲协助齐国公子纠与公子小白（后来的齐桓公）争夺王位。失败后，被囚禁在鲁国。

这一年，齐桓公派人将管仲从鲁国押回齐国。一路上，管仲一行人冒着毒辣辣的太阳，翻越了好几座山岭，好不容易才来到鲁国边境的绮乌。这时他们又累又渴，差吏便押着管仲到管边疆的鲁国人那讨吃的。

管边疆的鲁国人见押过来一名犯人，就问："这个人犯了什么罪？"

差吏回答："这就是用箭射伤我们大王的管仲啊！恐怕他这次是难逃死罪了。"

管边疆的人听说过管仲的名字，知道他有很高的声望，心想：这可是到齐国做大官的好机会啊！如果我现在好好待他，倘若将来他不死，说不定还能被重用呢。那时，他必定会知恩图报。况且我又不必费多大气力，真是小本大利啊！于是，管边境的鲁国人就跪着向管仲敬献饮食。

管仲想不到，此时还会有人这样对待自己，对这个人十分感激。管边疆的人趁机说："如果您能幸运地回到齐国，不被处死反而被重用，您将怎样报答我呢？"

管仲想：我原想患难时粒米之恩也应重重报答，可是这人既不是同情于我，也不是敬重于我，而是趁人之危，索取报酬。于是，他正色地说："我身为重犯，生死难料，被重用更是无望。如果真像你说的那样，能被齐国重用，我将录用有才德的人，按功评赏。你说，我能怎样报答你呢？"管边疆的人听了，十分恼怒。

后来，管仲他们历尽千辛万苦，终于回到了齐国都城。由于大夫鲍叔牙的举荐，齐桓公赦免了管仲，任用为卿。从此，管仲大兴改革，举贤任能。齐国日渐强盛，终于成为春秋时期的霸主。齐桓公尊管仲为"仲父"。

■ 心灵物语

身为重犯的管仲，仍能做到光明磊落，不受小恩惠，这种高尚的情操和诚实的品质令人可敬可佩。

■ 史海钩沉

齐桓公称霸

齐桓公执政以后，在管仲的辅佐下，对内政、经济、军事等多方面都进行了改革，建立了雄厚的物质基础和军事实力，于是，齐桓公便适时地打出了"尊王攘夷"的旗帜，以诸侯长的身份，挟天子以伐不服。

"尊王"，也就是尊崇周王的权力，维护周王朝的宗法制度。公元前655年，周惠王有另立太子的意向，齐桓公便召集诸侯国君抵抗周惠王的这一意向，与周天子结盟，以确定太子的正统地位。次年，齐桓公因郑文公

首止逃会，率联军讨伐郑国。数年后，齐桓公又率多国国君与周襄王派来的大夫会盟，并确立了周襄王的王位。

公元前651年，齐桓公召集鲁、宋、曹等国的国君及周王宰孔在葵丘相会。周公宰代表周王正式封齐桓公为诸侯长。同年秋，齐桓公以霸主的身份主持了葵丘之盟。此后，每每遇到侵犯周王室权威的事，齐桓公都会过问和制止。

"攘夷"，也就是对游牧于长城外的戎、狄和南方楚国对中原诸侯的侵扰进行抵御。公元前664年，山戎伐燕，齐军救燕。公元前661年，狄人攻邢，齐桓公采纳了管仲提出的"请救邢"的建议，打退了毁邢都城的狄兵，并在夷仪为邢国建立了新都。次年，狄人大举攻卫，卫懿公被杀，齐桓公便率诸侯国军队替卫国在楚丘另外建立了新都。

经过多年的努力，齐桓公对楚国一再北侵的行为还进行了有力地回击，到公元前655年，联军伐楚，迫使楚国同意进贡周王室，楚国也表示愿意加入齐桓公为首的联盟，听从齐国的指挥，这就是召陵之盟。伐楚之役，既抑制了楚国的北侵，又保护了中原诸国。

□文苑荟萃

食 邑

食邑是中国古代诸侯封赐所属卿、大夫作为世禄的田邑（包括土地上的劳动者在内），因此又被称为采邑、采地、封地。由于古代中国之卿、大夫世代都以采邑为食禄，故而称为食邑。

食邑盛行于周朝，分封以宗法制度为依据，大小按封爵等级而定。卿、大夫在食邑内都享有统治权力，并对诸侯承担一定的义务。

食邑原来是世袭的。战国时期，食邑主相互兼并，世袭制度便被废弛。秦汉后，推行郡县制，承受封爵者在其封邑内渐无统治权力，食禄便已改为以征敛封内民户赋税拨充，其数量按民产计算，与周代按田邑大小区分者不同。食邑随爵位黜升而损益，也得到了世袭。

鲍子都诚实无欺

刘恒（公元前203—前157年），汉朝的第五个皇帝，汉族，汉高祖刘邦第四子，汉惠帝刘盈的弟弟，母薄姬，被立为代王，建都晋阳。惠帝死后，吕后立非正统的少帝。吕后死，吕产、吕禄企图发动政变夺取帝位。刘恒在周勃、陈平的支持下诛灭了诸吕势力，登上皇帝宝座，是为文帝，共在位23年。汉文帝在位期间，是汉朝从国家初定走向繁荣昌盛的过渡时期。他和他儿子汉景帝统治时期，政治稳定，经济生产得到显著发展，历来被视为封建社会的"治世"，被史家誉为"文景之治"。

鲍子都是汉朝一名博学多才、品德高尚的书生。有一年，他觉得自己的学识已经达到了可以从政的水平，就准备动身到长安去应试，等待被国家任用的机会。筹足了路费，鲍子都往车里装了些书，驾好马就上路了。

走着走着，鲍子都忽然听到身后有马蹄声，回头一看，是一位青年，骑着马跟在他的车子后面。那青年见他回过头来，有点儿不好意思地说："大哥，对不起啊，我惊动您了！"鲍子都就问："兄弟你好啊！不知道你要上哪儿去？"那青年说："我要到长安去！"鲍子都高兴起来，说："太好了！我也到长安去，咱们一路作伴吧！"

那青年说："大哥啊，我真羡慕您有那么多的书！可我随身只带一卷，太惭愧了！"鲍子都一看，他的马背上的确只有一卷简册，便说："等到了长安，咱们交换着读吧！"话未说完，只听"哎哟"一声，那青年从马背上栽下来，跌在地上不省人事。

鲍子都连忙停下车，把那青年抱起来，只见他双目紧闭，口吐白

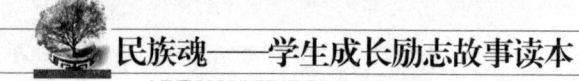
沫，双手捂着胸口。鲍子都一边喊："你怎么啦？你怎么啦？"一边把他放倒平躺，解开他的衣服，为他按摩心口。

鲍子都感到他的身体逐渐变凉，胸口也渐渐无搏动，呼吸已经停止。"他死了。这可怎么办呢？他是谁？连姓名都还来不及通报，他就猝死了，怎么处理他的后事呢？怎么告诉他的家人呢？在这前不着村、后不着店的山路上，连个商量的人都没有，怎么办呢？"鲍子都自言自语道，急得团团转。他检查死者的遗物，除了一匹马和一卷简册以外，还有一个小包袱，沉甸甸的，打开一看，里面是十块银饼。怎么把死者的遗物送还他的家人呢？鲍子都犯起愁来。之后，鲍子都打定主意，把青年的尸体放到车上，自己骑上那青年的马，向最近的村子走去。来到村里，他用一块银饼为死者置办了棺材，办理了丧事，把剩下的九块银饼包好，枕在死者的头下，又把那卷简册打开，盖在他的身上，然后选择了一个标志明显的坟地安葬了死者。这一切都办好后，他驾起车继续赶路。至于死者的马，他让它随在车后，一路精心喂养。他想，待找到死者家人就归还。

鲍子都日行夜歇，终于到了长安城。那匹马原是一路跟在车后，不料刚进长安城门，它就十分起劲儿地跑在车前。鲍子都赶着车紧紧跟在后面，生怕马走失了。那匹马走着走着，来到一家大户人家门口停下了。正巧门内走出一个老人，看到马"咦"的一声说道："我家的这匹马怎么在这里？"等鲍子都的车赶到后，老人就问："相公怎么得到这匹马的？"

鲍子都下车作揖说："老人家，这匹马果真是你家的吗？那我就可以了却一桩心事了！"接着就把青年的死讯、银饼和书简的下落，都如实告诉了老人。老人听完鲍子都的话，不禁失声痛哭，说："那是我的儿子呀！"后来，老人一家随鲍子都找到坟地，把尸体移回长安重新安葬。开棺的时候，死者家人看到银饼和书简的确都如数随葬。

这位老人是官位很高的关内侯，痛定之后，他想：我失去了一个儿子，但是国家发现了一位诚实的君子。于是，老人就把鲍子都推荐给了官府。

■心灵物语

鲍子都不仅不贪慕无主的钱财，还让死者入土为安，而且还能遵从道义找到死者的亲属，把死讯完整传达。他的这种诚实待人的精神，不正是我们当代青少年学习的典范吗？

■史海钩沉

汉武帝中央集权制度的加强

汉武帝刘彻统治了50余年（公元前140—前87年），这一时期也是西汉王朝的鼎盛时期，同时也是封建制度下中华民族的一个蓬勃发展时期。在经济繁荣、府库充溢的基础上，汉武帝在政治、经济、军事等方面都采取了一系列的措施，改革了很多制度，从而加强了专制主义中央集权，以适应统一国家的需要。

■文苑荟萃

执金吾

秦汉时期，率领禁军保卫京城和宫城的官员被称为"执金吾"。

执金吾本名为中尉，其所属的兵卒也被称为"北军"。武帝太初元年（公元前104年），才被改名为执金吾。王莽时期，将其改名为"奋武"，东汉时又复称为"执金吾"。西汉时期，执金吾担负着京城内的巡察、禁暴、督奸等工作，与守卫宫禁之内的卫尉相为表里。

执金吾秩为中两千石，有两丞及侯、司马、千人，属官有中垒、寺互、武库、都船四令、丞。又式道、左右中侯及京辅都尉，也都与执金吾有相属的关系。武库为制造和贮存兵器的机构。中垒、寺互、都船之下皆有监狱。汉景帝时期，中尉郅都曾拘捕过有罪的临江王。

另外，主管武器及典司刑狱也是执金吾的一项职责。东汉时期，执金吾的属官只保留了一个武库，其余都被减省了，其职务主要是典司禁军和保卫京城、宫城的安全。执金吾每月都要绕宫巡查三次，以预防和制止宫外水火之灾和其他的非常事故。汉光武帝刘秀统治时期，每次到郡国巡视时，都要派执金吾留守京城。明帝东巡，还命执金吾守卫南宫。此外，有时皇帝出行，执金吾还要率领缇骑、步卒组成仪仗和警卫。汉章帝出巡时，曾命执金吾随行宿卫。汉代的执金吾有时还被委派为将帅而领兵远征。

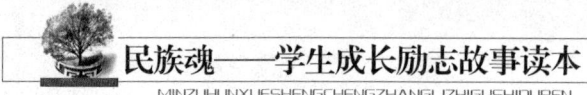
 # 阎敞守信不欺孤

肃宗孝章皇帝（56—88年），刘炟，汉明帝刘庄第五子，母为贾贵人。75—88年在位，历13年。年号建初、元和、章和，庙号肃宗，死后谥号为孝章皇帝，终年仅33岁。

阎敞是东汉一位辅佐郡守的属官，他的职务虽然低微，但为人诚实可靠，很得他的上司——太守第五尝的信任。

不久，从京城洛阳传来一道圣旨：征调第五尝进京，另有委任。阎敞向太守表示祝贺后，就派人为太守收拾行李，开始为太守全家搬入京城作起了准备。可是第五尝并不高兴，他认为自己的年纪已经太大，快要告老退休了，此时赴京，恐怕担不起什么重任。临行，他把阎敞叫到身边，说："谢谢你这些年忠心耿耿协助我办事，使得郡境安宁。现在我要赴京了，还有一件事我想只能拜托你办，我才放心！"

阎敞说："府君有事尽管吩咐，我一定竭诚以赴！"

第五尝指着几个箱子说："这里装的是我几十年的积蓄，大约有130万五铢钱。我本想告老返乡时，用这些钱置办一些田产房舍，留给子孙。此番皇上调我进京，我想，这几个箱子没有必要随我进京，因此想寄存在您这里，以待需要时取用。"

阎敞说："我愿为府君效力！"第五尝离去之后，阎敞立即把箱子搬到自己家中，封存在一间屋子里。

时间一年一年过去，第五尝一去十年，竟杳无音信。阎敞守着这几箱五铢钱，不敢辜负第五尝所托，年年都要定期擦拭箱子，生怕锈坏箱内的铜钱。

一天，一个20岁左右的青年来敲门。阎敞问："公子有何贵干？"青年说："奉先祖父第五尝之命，前来拜见阎敞长者。"阎敞定睛一看，果然是第五尝的孙子。离去的那一年，他只有9岁，现在已经长大成人了，差一点儿没有认出来。阎敞急问："府君可好？"这一问，青年不禁潸然泪下，说："先祖父到了洛京不久，全家患病，一一身亡，只剩我孤身一人了。先祖父临终之际，拉住我的手说：'你长大了，一定要寻到阎敞老伯，我曾有所拜托。'那时我还小，直到今天来找老伯！"

阎敞听了，拉住青年的手，打开那间存箱屋子的门，指着箱子说："你祖父托我办的事，就是看护这里面的130万五铢钱。全都在此，请你一一清点吧！"

青年睁大眼睛，说："祖父说的是30万五铢钱，不是130万啊！"

阎敞眼眶一红，说："听你这话，让我想到府君临终前病得是多么厉害啊，连130万五铢钱都记不清了！公子啊，请全部拿去吧，不必迟疑了。你应当继承的不是30万，而是130万啊！"

□心灵物语

为了上级领导的嘱托，阎敞遵守一诺十年不变，在上级领导临终记错钱数时，他也如实相告，并如数奉还。这种诚信无欺的品德值得我们当代人学习。

□史海钩沉

汉武帝联合乌孙

汉晋时期，乌孙是一个追逐水草迁徙的游牧部落。最初，乌孙和月氏都住在甘肃的西部、敦煌和祁连山之间。后来，乌孙被月氏打败，乌孙

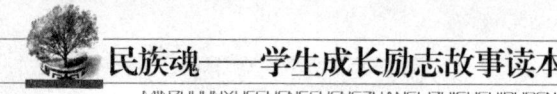
王也被月氏人杀死，乌孙人便不得已归服了匈奴。乌孙王的儿子腊骄靡被匈奴单于收养。腊骄靡长大以后，才智过人，屡有战功，匈奴单于便把乌孙旧部交给他，腊骄靡做了乌孙王。这时，月氏人已经向西迁到伊犁河流域。腊骄靡为了报杀父之仇，在匈奴的援助下，把月氏人赶出伊犁河流域，并在那里从事放牧和狩猎，重建家园。乌孙盛产马匹，富户养马多至四五千匹，成为西域地区的一个拥有骑兵十余万的强大民族。汉武帝时，乌孙跟匈奴的关系已经疏远，乌孙王不想再继续依附匈奴。为此，匈奴曾派兵攻打乌孙，结果反为乌孙所败。

在汉朝对匈奴的第三次战役胜利结束以后，张骞就向汉武帝建议联合乌孙。他说："现在匈奴已被汉朝打败，乌孙过去居住的地方也因赶走了匈奴而空闲着。听说乌孙人对他们的旧居十分留恋，又很喜欢汉朝出产的物品，如果我们多送他们一些礼物，请他们重新迁回原来的地方，再把汉公主嫁给乌孙王，双方约为兄弟，乌孙王肯定会答应的。这样就切断了匈奴的'右臂'。"张骞认为，只有联合了乌孙，乌孙以西的大夏等国都可以应招而至，向汉朝称臣。

雄心勃勃的汉武帝采纳了张骞的建议，并拜他为中郎将，派他出使西域。

■文苑荟萃

《白虎通》

《白虎通》又称《白虎通义》《白虎通德论》。东汉汉章帝建初四年（79年），朝廷召开白虎观会议，由太常、将、大夫、博士、议郎、郎官及诸生、诸儒等分别陈述见解，"讲义五经异同"，意图弥合今、古文经学的异同。在会议上，汉章帝亲自裁决其经义奏议，会议的成果则由班固写成《白虎通义》一书，简称《白虎通》。

因此，《白虎通》一向被视为东汉白虎观经学会议的资料汇编。它不仅是经学发展的产物，更是当时上自天子、下迄儒生的学术共识，具有保存当时经学样貌的典范价值。故而《四库全书总目》中评论《白虎通》："方汉时崇尚经学，咸兢兢守其师承，古义旧闻，多存乎是，洵治经者所宜从事也。"

班超忠诚又坦荡

> 班超（生卒年不详），字仲升，是东汉著名的军事家和外交家。班超是著名史学家班彪的幼子，其长兄班固、妹妹班昭也是著名的史学家。班超为人有大志，不修细节，但内心孝敬恭谨，审察事理。他曾出使西域，为平定西域、促进民族融合作出了巨大贡献。

　　班超生在东汉初年，是汉明帝和汉章帝时期的名将。他一生的经历惊险、曲折，有不少传奇式的故事流传到今天。

　　班超一家人都是历史上有名的人物，父亲班彪以司马迁为榜样，写成了《史记后传》；哥哥班固、妹妹班昭又经过多年的艰苦努力，写出了著名的历史著作《汉书》。

　　班超虽然出生在这样一个书香门第的家里，却从小就表现出另一方面的才干。他20多岁时，有一次，哥哥班固被人告发私自编写国史，结果班固被抓进大牢，性命危在旦夕。班超闻之后，非常气愤，一个人跑到京城，跪在皇宫外面喊冤。汉明帝听说后，觉得班超很有勇气，就把他叫了进来，想听听他要说些什么。在威严的大殿上，班超一点儿都不惧怕。他慷慨陈词，既讲清了哥哥编史书的宗旨，又指出了这部史书的重要性。汉明帝见他说得头头是道，一高兴，就把班固放了出来，还让班固到京城专门为朝廷编写史书。

　　自此，班超也跟着哥哥来到京城，做些抄写工作，挣些钱来贴补家用。班固觉得弟弟很有才华，曾打算让班超来帮他编史书，可他哪里知

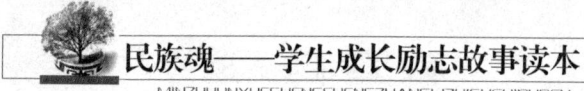

道，弟弟的志向并不在这方面。

有一天，班超正在抄写文书，抄着抄着，就开始烦躁起来。最后，他干脆把毛笔扔在地上，重重地叹了口气说："身为大丈夫，就该像古时候的张骞那样，到塞外去建立功勋，封万户侯，怎么能整天闷在书房里靠这些抄抄写写来糊口养家呢！"

这时，正赶上奉车都尉窦固率军出征匈奴，班超就毅然来到窦固的帐下做了军人。后来有句成语叫"投笔从戎"，说的就是班超扔下笔杆去从军的典故。

班超在军中作战英勇，又有智谋，很受窦固的赏识。汉明帝准备派人出使西域时，窦固就把班超推荐了上去。汉明帝也还记得那个为哥哥慷慨陈词的班超，觉得这人既胆大，又有口才，派他去西域最合适不过了。于是就下旨封班超为司马（官名），让他带着36个随从到西域去了。

班超果然不负众望，第一次出使，他就降服了鄯善国。消息传回京都后，汉明帝十分高兴，让窦固给班超增兵。然而班超却谢绝了，他认为，自己身边有原先的36名勇士就已经足够了，降服各国靠的是大智大勇，恩威并施，而不是人多。接着，他又带着这36个人相继征服了于阗、疏勒等西域大国，还联合各国的军队击败了龟兹国、尉头国的进攻，又平定了各国的小股叛乱，还劝降了拘弥、月氏、乌孙、康居等国家。从此，西域又与汉朝建立了相互往来的关系，恢复了"丝绸之路"的交通。

在这期间，班超的人马最多时也不过上千人，但班超对下属却诚心诚意，胸怀坦荡。遇到危险时，他总是冲在最前面；有了功劳，他也从不独占，因此，大家都愿意跟着他出生入死，他手下的人也个个能以一当十。

班超功劳越来越大，有人便开始嫉妒他，背后说他的坏话了。

有一次，班超劝降了乌孙国，并让乌孙王派使臣到洛阳去晋见皇上。这时，汉明帝已经死了，汉章帝即位。汉章帝见了使臣非常高兴，大大地赞扬了班超的才干，并同意按班超的主张联合乌孙国攻打龟兹国。汉章帝还重赏了乌孙国的使臣，又拿出许多礼物，让使臣带回去送给乌孙国王。为了表示对来使的尊重，章帝还特意派了一个名叫李邑的卫侯（官名）护送使臣回国。

不料，这个李邑却是个贪生怕死的人。他率队走到于阗国时，正好遇上龟兹国攻打疏勒国。虽然他驻扎的地方离战场很远，而且还有其他路可以绕过去到达乌孙国，可李邑死活都不敢再往前走，生怕哪天会遇上打仗，把自己的命丢在这荒凉僻远的塞外沙漠上。然而，如果中途退回去的话，又怎么向皇上交差呢？李邑是进不敢进，退不敢退，整天愁眉苦脸，唉声叹气，想不出办法来。这时候，有个手下人给李邑出了一个坏主意，李邑一听，这才转忧为喜，连忙吩咐人按这个主意去办。

不久，朝廷便接到了一封李邑派人送回来的奏疏，里面的大意是说：他到了西域后，发现这里的人野蛮好斗，到处都在打仗，根本就没有归顺汉朝的意思。而班超呢，却在这里娶了娇妻美妾，整天享清福，他当然不愿意回到中原了，所以班超才对朝廷撒谎，说西域可以收服。他这是出于个人的私欲，让国家白白地劳民伤财呀！并劝皇帝收回联络乌孙的命令，召班超回京问罪。

这封奏疏的内容一下子就在朝廷里传开了，李邑派回来送信的人又到处散播谣言，那些原来就对班超有成见的人听到消息后，也都活动起来，准备劝汉章帝改变对西域的政策。一时间里，班超欺骗皇上的消息闹得满城风雨，舆论对班超很不利。

远在疏勒国的班超听到这个情况后，不禁叹气道："古时候有个曾参，以仁爱忠信出名。有人嫉恨他，就跑到他母亲那里去造谣，说曾参杀人了。第一次，曾母不信；第二次，曾母开始有点儿怀疑；第三次，曾母就信以为真了。所以说，谣言重复三次，就不由人不信了。可惜我自己并没有曾参那样大的名气，却碰到了他那样的遭遇。"

没想到，汉章帝是个头脑清醒的皇帝，他听了大臣们的议论后，立刻驳斥道："这都是一派胡言！就算班超不想回中原，难道他手下那些将士也没有一个想家吗？为什么他们都能跟班超一条心，为他出生入死呢？"

随后，汉章帝便下了一道诏书，将李邑臭骂了一顿，责令他老老实实到疏勒国去见班超，听候班超的吩咐。另外，章帝又特意给班超下了一道诏书，告诉他，等李邑到了你那里，你可以把他留下来，任凭你发落。

李邑领了诏书后，非常后悔自己当初的自作聪明，结果偷鸡不成蚀把米，这回怕真是没命了。可是，等他到了疏勒国，班超却一点儿也没有为难他，只是叫人招待他住下。随后，班超另外派人护送乌孙国使臣

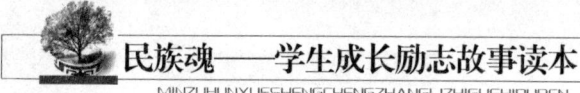
回家，还让使臣带信给乌孙国王，劝他按照常规，把王子送到洛阳去作人质，以表示对汉朝的忠诚。乌孙国国王欣然答应了班超的劝说，很快就把儿子送到了班超这里。

这天，班超把李邑叫来，对他说："李大人，现在有一件公务要麻烦你去做，请你护送乌孙王子去洛阳，怎么样？"

李邑听后大吃一惊，他原本以为班超会狠狠地报复自己，没想到班超居然这么轻易地就放自己回去。他结结巴巴地说："班将军，难道您真的不记我的过错吗？"

班超淡淡一笑，说："你我都是朝廷大臣，如果总是你害我、我害你，怎么能一心为国家效力呢？既然你的才干不适合在这里发挥，勉强你留下来，对国家也没有好处。所以还是请你回去，我们各自诚心为国尽忠就是了。"李邑又是羞愧，又是感激，后来，他回到洛阳再也没有说过班超一句坏话。

然而，班超的下属却有点儿不解气，他们对班超说："李邑这家伙昧着良心造谣生事，险些坏了将军的大事。虽说您胸怀坦诚，不记他的过错，可也不应该放他回去呀，万一他又在京城说您的坏话怎么办？"

班超回答说："正因为他曾经说过我的坏话，我才要让他回去。这不正说明我们光明正大，没有什么见不得人的地方吗？只要我们在反省自己的内心时，没有什么感到内疚的事情，我们就不怕别人说什么。"

众人听班超这样一说，虽然还有点不解气，但都打心里佩服班超诚实、坦荡的胸怀，也就更加愿意跟着班超去为国尽忠了。

后来，班超率领手下人打了更多胜仗，还在西域各国传播友谊，帮助那里的人民发展生产，建立友好往来。直到他71岁那年，才奉诏回到洛阳。这时，他已经年老体衰，病魔缠身，回到洛阳一个月后，就与世长辞了。

■心灵物语

投笔从戎，班超踏上了武将的征程，出使西域，开阔边疆，平息战乱，传我中华国威。班超坦诚的胸襟和为国家鞠躬尽瘁的精神让我们感到由衷地敬佩！

□**史海钩沉**

门阀士族

　　东汉后期，士大夫中出现了一些累世专攻一经的家族，他们的弟子动不动就达数百人甚至数千人。通过经学入仕，他们又形成一些累世公卿的家族。例如，世传欧阳《尚书》之学的弘农杨氏，自杨震以后，四世都为三公；世传孟氏《易》学的汝南袁氏，自袁安以后，四世中居三公之位者就多达五人。这些人都是最大的地主，由于世居高位，他们的门生和故吏遍布天下，因而又是士大夫的领袖。

　　所谓门阀大族，就是在经济、政治、意识形态上具有这种特征的家族。东汉时期，选士首先都要看族姓阀阅，所以门阀大族的子弟在察举、征辟中都照例得到优先。

□**文苑荟萃**

外　戚

　　外戚也称"外家""戚畹"，指的是帝王的母族、妻族。

　　在中国的历史上，帝王在年幼时，外戚往往都干政擅权，甚至有改朝篡位者，如西汉末年的王莽与建立隋朝的杨坚等。

　　《汉书·外戚传赞》中记载："夫女宠之兴，由至微而体尊，穷富贵而不以功，此固道家所畏，祸福之宗也。序自汉兴，终于孝平，外戚后庭色宠著闻二十有余人。然其保位，全家者，唯文、景、武帝太后及邓成后四人而已……其余大者夷灭，小者放流，乌嚎！鉴兹行事，亦已备矣。"

　　唐刘知几《史通·题目》中也有记载："如马迁撰皇后传以外戚命章，按外戚凭皇后以得名，犹宗室因天子而显称也。"

　　《宋史·李处耘传论》中也说："章联戚畹之贵。"此外，《后妃传上·章献明肃刘皇后》："晚稍进外家……姻戚、门人、厮役拜官者数十人。"清吴伟业《永和宫词》："外家官拜金吾尉，平生游侠多轻利。缚客因催博进钱，当筵便杀弹筝伎。班姬才调左姬贤，霍氏骄奢窦氏专。涕泣唯闻椒殿诏，笑谈豪夺瀍陵田。"这些都是有关外戚干政的事件记载。

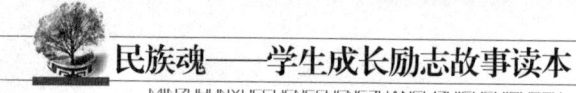

 # 陈纪卖房不掩短

> 陈纪（129—199年），字元方，颍川许（今河南许昌）人，陈寔之子，享年71岁。与弟陈谌俱以至德称，兄弟孝养，闺门雍和。遭父丧，哀痛欧血豫州刺史表上尚书，绘象百城，以励风俗。遭党锢后，累辟不就。董卓入洛阳，就家拜五官中郎将。纪不得已而到京师，累迁尚书令。建安元年（196年），袁绍为太尉，欲让于纪，纪不受。拜太鸿胪，卒于官。纪于遭党锢后，发愤著书，号曰《陈子》，凡数万言。

在中国历史上，一些诚实不欺的故事千古流传，给人以很大的启迪。这里要讲的是后汉时陈纪卖房的故事。

后汉时，名士陈寔是个很有学问的人，他有两个儿子，大儿子陈纪，字元方；二儿子陈湛，字纪方，两人都是品学兼优的人。当时，人们称他们父子三人为"三君"。这是因为他们不仅学识渊博，而且为人诚实不欺，品德高尚。

陈纪在东郡有一所房子，因无人居住，打算卖掉，陈纪请家人找一位买主。经四处打听，好不容易找到了一位要买房子的人。家人向要买房子的人介绍了房子的建筑材料如何好，工程质量如何好，价钱如何公道，等等。买房人实地察看后，觉得实际情况和所介绍的一样，便决定买下来。

正当双方谈妥、拍板成交的时候，陈纪突然走了出来，对买房子的人说："这房子的确不错，但有一个很大的缺点，就是没有出水之处，每当天下大雨，积水很难排出去。这是个很伤脑筋的事情，你要好好考虑。"

买房子的人一听，便不买了。家人埋怨陈纪说，"买卖已经谈妥，可你把缺点说了出来，人家就不买了。"陈纪很不义为然，批评家人说："为人应当诚实，宁肯房子卖不出去，也不能为了一己私利，而去欺骗别人。"家人听了，感到他讲得很在情理。

■心灵物语

自古有"老王卖瓜，自卖自夸"的说法，很少有做买卖的人说自己卖的东西有缺点，但陈纪不是这样，他敢于说出自家房屋存在的问题，说明他为人诚实，不为一己私利而去欺骗别人。陈纪诚实待人的品质是我们当代青少年学习的典范。

■史海钩沉

"难兄难弟"

陈元方的父亲一生中最得意的事情，应该是有陈元方和陈季方两个才学见识都很高的儿子，而且两个儿子又都给他生了很出色的孙子，陈家可谓满门俊才。

有一天，陈元方的儿子长文和季方的儿子孝先争吵，各自夸耀自己父亲的功业德品高，吵了好久也争不出胜负。于是，两个孩子便跑到爷爷陈太丘那里，要爷爷给下个结论。没想到爷爷不紧不慢地说："论学识品行，元方和季方各有所长，互为兄长，难以分出高下优劣啊！"

爷爷发自内心的得意和赞赏，以及后来长文和孝先的才学出众，都让许多后世为父母的人生出一些嫉妒来——生子孙若此，夫复何求！

后来，这个故事流传日益广泛，并形成了一个成语叫"难兄难弟"。

"难"字读阴平（即口语所说的普通话"一声"），本来是"各有长处，难以分出高下"的意思，到了今天，却将"难"解释成了"苦难"的"难"，"难"的读音也成了去声（即口语所说的普通话"四声"），成了"一起患难的人，共处同一个困难境地的人"的意思。

■文苑荟萃

《世说新语》

《世说新语》是我国南朝宋时期（420—581 年）一部主要记述魏晋人物言谈逸事的笔记小说，是由南朝刘宋宗室临川王刘义庆（403—444 年）组织一批文人编写的，梁代刘峻作注。

全书原八卷，刘孝标注本分为十卷，今传本皆作三卷，分为德行、言语、政事、文学、方正、雅量等 36 门，全书共 1000 多则，记述了自汉末到刘宋时名士贵族的逸闻趣事，主要为有关人物的评论、清谈玄言和机智应对的故事。

 # 甄彬如数还金

梁武帝萧衍（464—549年），字叔达，小字练儿。南兰陵郡东城里人（今江苏丹阳埤城镇东城村）。南梁政权的建立者，庙号高祖。萧衍是兰陵萧氏的世家子弟，出生在秣陵（今南京），为汉朝相国萧何的二十五世孙。父亲萧顺之是齐高帝的族弟、丹阳尹知事，母为张尚柔。他原来是南齐的官员，南齐中兴二年（502年），齐和帝被迫"禅位"于萧衍，南梁建立。萧衍在位时间达48年，在南朝的皇帝中列第一位。

中国南北朝时期，有一个叫甄彬的人。他心地纯洁，不占人家便宜。

这年春荒时节，家里连柴米油盐都买不起了，只剩下一捆头年秋天收获的苎麻，本来打算织成夏布做暑天衣服用，为了糊口，只好拿到长沙寺开设的当铺里去抵押，当了钱，好买米下锅。

秋收后，甄彬凑足了钱，到当铺赎回了那捆苎麻。回家打开麻捆，发现麻捆里夹带了一个手巾包，手巾包里竟是黄澄澄的金子，足足有5两重。

甄彬对妻子和孩子说："不该我们应得的东西，别说是5两黄金，就是10钱，我们也不能要。依我看，这些东西还是还给人家。"全家人听后都表示赞同。

长沙寺道人见甄彬来送还捡到的金子，才猛然想起，那是不久前有人用这包金子做抵押来换钱，当时没来得及安放，顺手塞进麻捆里

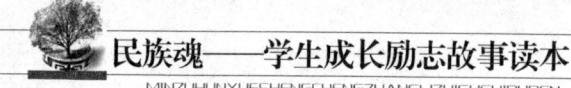

了，事后也就忘了。若不是甄彬把金子交送回来，他竟不知金子是怎样丢掉的。

长沙寺的道人见金子失而复得，非常感谢甄彬，决意要以重金酬谢甄彬，可甄彬说什么也不肯接受。就这样，那道人往返甄彬家十余次都被他谢绝了。

梁武帝还是平民百姓的时候就听说了这件事，因此，当他任益州刺史时，便任用甄彬为自己的秘书官。当时，人们都赞扬甄彬是一个最可信任的人。

■心灵物语

一个人的品行好坏能够从平常的小事中表现出来，甄彬这种在财富面前毫不动摇的品质是极为可贵的。

■史海钩沉

勇退北魏

在萧衍辅佐萧鸾即位称帝的第二年，北魏的孝文帝便率领30万军队亲自进攻南朝的齐，并沿着淮河向东攻打钟离。齐明帝萧鸾先派左卫将军崔慧景、宁朔将军裴叔业领兵迎战。当听说北魏军队分兵攻打义阳后，萧鸾又派萧衍和平北将军王广之领兵前去救援。

王广之领兵进入离义阳百里之外时，听说北魏的军队兵强马壮，便畏缩不前。而萧衍则请求充当先锋，与北魏军队交战。王广之便派一部分军队归萧衍指挥，进兵义阳。

萧衍带领军队连夜抄小路赶到了距离北魏军只有几里的贤首山，然后命令士兵将旗帜插满山上、山下。天一亮，义阳城中的齐军看到旗帜后，都以为重兵已经赶到来给他们解围了，于是士气大增，马上集合军队，出城攻击北魏军，同时顺风放火。这边的萧衍也趁机夹攻北魏军，萧衍亲自上阵，摇旗擂鼓助威，齐军个个士气高昂，奋勇杀敌。北魏军在齐军前后夹击之下，被打得溃不成军，只好退却。齐军最终取得了这场战役的胜利。萧衍也因战功而升任太子中庶子。

文苑荟萃

《广陵散》

《广陵散》又名《广陵止息》，是古代的一首大型琴曲，也是我国著名的十大古曲之一，至少在汉代已经出现。

对于《广陵散》，其内容向来都是说法不一，但通常的看法是将它与《聂政刺韩傀曲》联系起来。《聂政刺韩傀曲》主要描写了战国时期铸剑工匠之子聂政为报杀父之仇，刺死韩王，然后自杀的悲壮故事。关于这件事，蔡邕在他的《琴操》中记述得较为详细。

 # 两文人以诚相帮

> 冯梦龙（1574—1646年），明朝作家，字犹龙，又字耳犹、子犹，别号龙子犹、墨憨斋主人、吴下词奴、姑苏词奴，他使用的其他笔名还有很多。冯梦龙以其对小说、戏曲、民歌、笑话等通俗文学的创作、搜集、整理、编辑，为我国文学的发展作出了卓越的贡献。

明末的冯梦龙是一位才华横溢的文学家，所编短篇小说集《警世通言》《醒世恒言》《喻世明言》世称"三言"，对后来短篇小说的发展起到了一定的推动作用。可是他的生活很穷困。而剧作家袁韫玉家中很富裕，二人以诚相待，传为佳话。

一天，袁韫玉带着自己的新剧作《西楼记》来到冯梦龙家以求讨教。冯梦龙接过《西楼记》书稿浏览了一遍后，便把剧本放在了案头上，既没谈意见，也没把剧本还给袁韫玉。袁韫玉见此，没有搅扰他便离开了冯家。冯梦龙待袁韫玉走后，便执笔按自己刚才的构思为《西楼记》补写了一场《错梦》。袁韫玉看到冯梦龙家境十分困难，回到家就叫家人准备了100两黄金，再次来到冯家。

两人见了面，冯梦龙高兴地对袁韫玉说："你的大作《西楼记》词曲皆佳，只是尚欠完整。我不揣冒昧，已经为你补写了一段，请过目。"袁韫玉很激动地对冯梦龙说："老兄生活这样清贫，还是终日挥笔不停，真叫人钦佩。奉上百金，聊表心意。"此时，二人激动得流下了热泪，久久地握着双手。

袁韫玉的《西楼记》有了冯梦龙增写的《错梦》，犹如锦上添花；冯梦

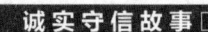

龙有了袁韫玉的慷慨资助，真是雪中送炭，使他在一段时间内更能专心地进行文学创作。

□心灵物语

君子急人所急，冯梦龙和袁韫玉在交往中能以诚相待，尽自己能力去帮助对方，他们的行为值得后人学习。

□史海钩沉

经历坎坷的冯梦龙

冯梦龙从小就喜好读书，其童年和青年时代都与封建社会的许多读书人一样，将主要的精力都放在诵读经史，以应科举。他曾在《磷经指月》一书的《发凡》中回忆道："不佞童年受经，逢人问道，四方之秘复，尽得疏观；廿载之苦心，亦多研悟。"他的忘年交王挺则说他："上下数千年，澜翻廿一史。"

然而，冯梦龙的科举道路十分坎坷，屡试不中，后来只好在家中著书。由于热恋一个名叫侯慧卿的歌伎，对苏州的茶坊酒楼下层生活频繁接触，这也为他熟悉民间文学提供了第一手的资料。他的《桂枝儿》《山歌》等民歌集，就是在那个时期创作的。

直到崇祯三年(1630年)，冯梦龙57岁时才被补为贡生，次年破例授为丹徒训导，崇祯七年(1634年)升任福建寿宁知县。四年以后，他回到家乡。在天下动荡的局势中，在清兵南下时，冯梦龙还以70岁高龄奔走反清。他除了积极进行宣传、刊行《中兴伟略》诸书之外，还直接参与了抗清斗争。清顺治三年(1646年)春，冯梦龙最终忧愤而死，也有说是被清军所杀。

□文苑荟萃

《情史》

《情史》也名《情史类略》，又名《情天宝鉴》，是明代著名文学家冯梦龙选录历代笔记小说和其他著作中的有关男女之情的故事所编纂成的一部短篇小说集，全书共24类，计故事870余篇，记载的人物上自帝王将相，下至歌伶市民。

陆元方卖房守信

陆元方（639—701年），字希仲，苏郡吴县（今江苏苏州）人。陈给事黄门侍郎琛之曾孙。伯父柬之，善书名家，官太子司议郎。

唐朝时期，有一个名叫陆元方的人，他在洛阳（今河南洛阳）城外有一所有名的宅院——锦绣园。宅内亭台楼榭，小桥流水，既雅致又幽静，是个难得的好居处。不料，后来陆家家道中落，生活入不敷出，于是，陆元方和两个侄子陆寅、陆卯商量，决定卖掉锦绣园。

陆元方想要卖锦绣园的消息不胫而走，两个商人马上找上门来。陆元方直言不讳地说出了卖房的理由，两个商人都担心他会开出天价，谁知陆元方说："宅院是我和兄长一手建造的，打算世代居住而非卖品。我无意靠它大赚一笔，就按当时成本折七成计算，纹银6000两吧。"两人一听，简直大喜过望，甚至都不敢相信自己的耳朵。当下买卖成交，商人生怕陆元方反悔，急忙掏出50两银子作为定金。双方约定，三日后正式进行交易。

两个商人走后，陆元方便独自一人到庭院里漫步。他看着院内草木荫荫，流水潺潺，不禁长叹一声。这时，陆寅、陆卯急匆匆地赶来，带来一个消息：太守要请陆元方到府上一聚。

陆元方赶紧来到太守府，不知是福是祸。太守开门见山地说出了自己的意图：太守夫人身体不佳，想找个清净幽雅的地方休养，找遍洛阳城外所有的房子，只看中了陆元方的宅院，心仪已久。如今听说这所宅院要卖，自然是求之不得。太守豪爽地说："你尽管开价吧！"

然而，陆元方却满怀歉意地拱拱手并说出真相："宅院已经有买主了，虽然没有正式交易，但已经预付定金了。"太守坚持要买，并愿意开出双倍的价钱，但陆元方还是婉转地拒绝了，并坚定地表示答应了别人的事，一定要讲信用。太守满脸的不悦，让陆元方回去好好想想。

回去的路上，陆寅、陆卯听说陆元方拒绝了太守的请求，都非常不理解。两个人小声地嘀咕："叔叔怎么这么不开通？得罪了太守，以后我们陆家的前程怎么办？再说，又没有正式交易，反悔是允许的。"

陆元方一听，严厉地叱责两人说："男子汉大丈夫，一言九鼎。你们已长大成人，难道这点儿道理也不懂吗？"两人只好悻悻地走开。

当天夜里，陆元方辗转难眠，第二天一大早，他就来到太守府。太守一见，喜笑颜开，以为他回心转意了。然而出人意料的是，陆元方仍旧不改初衷。太守非常生气，大骂陆元方忘恩负义："当年若不是我秉公断案，你们陆家早就株连九族了！"

陆元方一脸尴尬地跪下，但决心不变。

太守要买房的事被陆元方的母亲知道了，她也怒气冲冲地质问陆元方："你可知滴水之恩，当涌泉相报？太守想买这宅院，莫说卖，就是白送，我们也该毫不吝惜！"

陆元方"扑通"一声跪下，说明自己不能失信于人，并说："您和父亲自小就教育我们'一言既出，驷马难追'，如今，我已应允了别人，又怎能言而无信？"陆母一时语塞。

与此同时，外界纷纷传言锦绣园贱价出售，一定有什么不可告人的隐情。于是，那两个商人便犯起了嘀咕，决定先去看看，然后再决定买不买。两个商人来到锦绣园进行实地勘察，没有发现任何问题，于是决定买下它开个酒楼。陆元方一听，立即提醒说："宅院不能开酒楼，因为没有下水道。"两人有些失望，只好忍痛割爱，不买了。

这时，全家都责怪陆元方不该说实话，但陆元方无怨无悔，说：

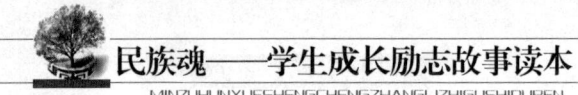

"如果我不讲实话，那就是欺骗买主。我们就是有再大的难处，也要诚实守信！"

大家只好再分头去找买主。但是，商人不买锦绣园的消息很快就传开了，甚至有人造谣说宅院里经常闹鬼。于是，锦绣园更无人问津了。

正当全家人为找不到买主而苦恼之时，那两个商人再次登门，要求买下锦绣园。原来，那天陆元方毫不隐讳地说出房子的缺陷，令他们十分感动，并使他们坚信这所宅院不会再有其他缺陷了，因此现在决定用这宅院开个绸缎庄。

心灵物语

大丈夫一言既出，驷马难追。做人应当像陆元方这样童叟无欺，以诚实为准则，坚守自己的承诺！

史海钩沉

宣宗之治

846年，唐武宗死后，唐宣宗在宦官的协助之下继位。在即位时，宣宗表面上是容易被宦官利用的君主，但即位后，他励精图治，一改唐武宗的封杀佛教政策，再次尊崇佛教。

文苑荟萃

中书省

中书省由魏时曹丕最早创设，是为秉承君主意旨、掌管机要、发布政令的机构。沿至隋唐后，便成为全国的政务中枢。隋代时，因避讳便改为"内史省"或"内书省"。唐代时期，曾先后改称为西台、凤阁、紫薇省，旋复旧称。

　　在唐代时，中书省、门下省和尚书省同为中央的行政机构，由中书省决策，通过门下省审核，经皇帝御批，然后交尚书省执行，因此实任宰相者称为"同中书门下平章事"。在魏晋时期，中书省长官为中书监及中书令，隋代废监，仅存中书令一职。唐代时，在中书令之下又设有中书侍郎、中书舍人，皆为要职。宋代虽然设尚书、门下、中书三省，但中书省之权特重。《宋史·职官志》中有记载："宰相不专任三省长官，尚书、门下并列于外，又别置中书禁中，是为政事堂。与枢密院对掌大政。"宋代的中书省之职是"掌进拟庶务，宣奉命令、行台谏章疏，群臣奏请兴创改革及任命省、台、寺、监、侍从、知州军、通判等官员"。中书省掌握着行政大权，与掌管军事大权的枢密院合称为"二府"。明初继续沿用，洪武十三年（1380 年）废中书省，由皇帝直接统领六部，并规定此后朝廷不得再立丞相，中央集权得到进一步加强，明永乐帝时设内阁，机要之任开始归"内阁"。此后，便没有中书省这一机构了。

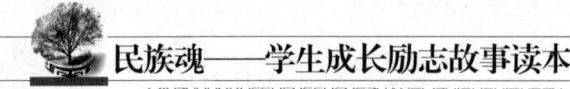

明山宾卖牛无诈

明山宾（生卒年不详），南朝梁人，字孝若，平原鬲人也。父僧绍，隐居不仕，宋末国子博士征，不就。山宾7岁能言明理，13岁博通经传，居丧尽礼。服阕，州辟从事史。起家奉朝请。兄仲璋婴痼疾，家道屡空，山宾乃行干禄。齐始安王萧遥光引为抚军行参军，后为广阳令，顷之去官。义师至，高祖引为相府田曹参军。梁台建，为尚书驾部郎，迁治书侍御史，右军记室参军，掌治吉礼。

南朝梁时，明山宾担任某州的从事史（事务官）。有一年，正赶上旱灾，庄稼颗粒无收，百姓饥饿难耐。为民担忧的明山宾便决定打开粮仓，放粮给老百姓。掾史（州郡县佐吏）周显良认为，此事非同小可，必须报告朝廷后才可行。然而等到朝廷下达命令后，只怕州里的老百姓早就被饿死了。明山宾犹豫了一下，毅然决定私开粮仓，并说："朝廷怪罪下来，我一人承担！"

为了维持放粮时的秩序，明山宾下令约法三章：不排队的关押10天；冒充穷人来领粮食的关押15天，多次来领米的关押15天；拘禁期间，家属也不能领米。告示张贴后，当地百姓们都严格遵守规定，放粮进行得井然有序。

有一天，一个名叫李虎的中年男子急匆匆地跑到放粮处，没有排队就要领米。其实，李虎也是情急无奈，自己3岁的儿子已经饿得生了病。但是，士兵不问缘由，将他直接关押起来了。10天后，李虎回到家时，发现儿子已经奄奄一息了。李虎气得大骂妻子为什么不去领米，妻子泪流满面地说："章法规定，一人被抓，家属也不可以领米。"李虎一听，就将满腔的愤恨都记在明山宾的头上了，发誓一定要让明山宾家破人亡。

就在这时，明山宾私开粮仓的事被朝廷知道了。朝廷大为震惊，派命官前来追查。周显良很担忧，但明山宾心静如水，他说："我早就说过，出了事我自己承担！"他吩咐周显良继续负责放粮，自己则等待朝廷的发落。

明山宾万万没有想到的是，跟随他多年的周显良为了取而代之，竟然会背地里耍阴招：朝廷命官让周显良找几个老百姓调查情况，结果找来的都是对放粮有所不满的人，其中也包括李虎。李虎当着朝廷命官和周显良的面，大骂明山宾，并说出了自己的惨痛经历。朝廷命官得知此事后，大发雷霆，认为明山宾私自开仓并非救民心切，而是别有用心，因此当即将明山宾革职，并终身不再录用。

明山宾默默地带着夫人回会稽（今浙江绍兴）老家了。然而李虎并没有善罢甘休，他竟然背井离乡，千里迢迢去寻明山宾报仇。但是，他到了会稽后，找遍所有的豪宅大院，也没有找到明山宾的家。其实，明山宾一家此刻就住在一间茅屋里，度日艰难。无奈之下，明山宾决定将家中唯一值钱的东西——一头黄牛牵到集市上去卖掉。

明山宾来到集市，往牛脖子上挂了一块价牌——"纹银三两"。行人都很惊讶："这么壮实的一头牛，竟然只卖三两银子？"明山宾一经提醒，便想更改价牌，但一个年轻人眼疾手快，抢在明山宾换牌之前，坚持买下这头牛。明山宾说一不二，以三两银子的价钱将牛卖给他。行人见了，都说明山宾傻。

明山宾回到家后，把卖牛的经过告诉了妻子，妻子哈哈大笑，说："这头牛能卖三两银子就不错了。"

原来，这头牛在几年前曾得过漏蹄病。明山宾一听，说："那买牛的人不是吃亏了吗？"

他匆匆忙忙赶到集市，已找不到那个年轻人的踪影，于是他四处打听，费尽九牛二虎之力才找到了年轻人，并反复向年轻人说明情况。然而，那年轻人以为明山宾是嫌牛卖得太便宜，想反悔了，所以执意不肯退还，两人就在路边拉拉扯扯……

说来也巧，这一幕正好被李虎撞见了。李虎一见明山宾，便分外眼红，拿出匕首，想趁机刺杀。但是，当他看见明山宾身上穿的是粗布衣服，又得知他生活拮据，竟然到了卖牛求生的地步，不由得疑惑了。

而明山宾并不知道李虎与自己有仇，还误以为年轻人是李虎的儿子，便将病牛的事一五一十地告诉李虎，还说："买卖总要诚实，如果得过病的牛被当作好牛卖掉，我心里会不安的。"李虎一听，不由得从心中赞叹明山宾是个真君子。

李虎说出当年之事，得到明山宾一番解释后，满腔的仇恨也顿时烟消云散了。因为他认为一个品德如此高尚的人，是不会做出危害百姓的事的。

■心灵物语

以诚待人，虽遭误会，但终究会有水落石出的那一天。明山宾做事、卖牛皆无愧于心。

■史海钩沉

西梁的建立

西梁（555—587年）是中国在南北朝时期出现的国家，国都建于江陵。又称为后梁。

554年，西魏攻陷江陵，杀掉了梁元帝，立萧詧为梁朝皇帝，史称后梁。萧詧是梁武帝之孙、昭明太子萧统之第三子，字理孙，庙号中宗。后梁（也称西梁）也是梁朝宗室萧詧在西魏扶持下建立的一个封建小朝廷。

 # 齐白石以画换菜感人

> 齐白石（1864—1957年），湖南湘潭人，20世纪十大画家之一，世界文化名人。他出生于湘潭县白石铺杏子坞，病逝于北京，终年93岁。宗族派名纯芝，小名阿芝，名璜，字萍生，号兰亭、濒生，别号白石山人，遂以齐白石名行世；并有齐大、木人、木居士、红豆生、星塘老屋后人、借山翁、借山吟馆主者、寄园、萍翁、寄萍堂主人、龙山社长、三百石印富翁、百树梨花主人等大量笔名与字号。

　　齐白石是我国著名的国画家。他不仅作画一丝不苟，而且品德十分高尚。他虽说是一位蜚声国内外画坛的一代国画大师，但在日常生活中，无论与名人还是平民百姓交往，都始终遵循诚实守信的道德准则。这里要讲的是齐白石老人与一位卖白菜小伙子的故事。

　　一天早晨，齐老提着篮子上街买菜。走到市场上，看到一个年轻小伙子卖的白菜又大又鲜，水灵灵的，挺招人喜爱。旁边围着一些买菜的人，齐老也挤了进去，拣了一棵大白菜，说："小伙子，白菜一斤多少钱？"

　　小伙子正要回答，一抬头看见在他面前的是一位精神矍铄，长着白胡子，高个子的老人，顿时眼睛一亮，这不是著名画家齐白石老人吗？他是自己敬慕的老师呀！原来，小伙子是个高中生，喜欢画画，尤其喜欢画国画，他最喜欢齐白石老人的国画了。于是脑子一转，想出一个主意，提出要用画换白菜，用钱买不卖。

　　齐老明白这小伙子是认出自己来了，为了不使小伙子失望，齐老欣

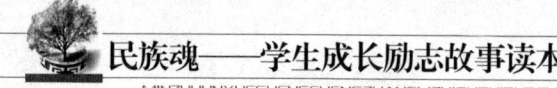
然答应了他的请求，并快速拿来纸笔来。小伙子一看齐老这样平易近人，讲究信用，不摆架子，就高兴地跑到附近酒店借来了笔墨、桌子，请齐老给画一棵白菜就行，还说用他的一车菜换这张画。

小伙子把纸铺开，认认真真地磨墨。齐老拿起笔，觉得质量差些，用这支笔作画只能勉强对付着用。为了不失信于人，齐老就用这支笔在纸上一勾一撇，不到一分钟工夫，一棵白菜就画好了。小伙子也果断地将一车菜送给了齐老。齐老笑着说："这么多的菜，我怎么拿得动呢？"

小伙子想，可也是啊，怎么办呢？"哎，这样吧，您老在画上再添上一只大蚱蜢，我连车都送给您。"齐老拿起笔，又在画上添了一只大蚱蜢。

小伙子望着画，收拾了一下，拉起车就要往齐老家送菜。齐老拦住他，从车上拿了一棵白菜放在篮子里，说："小伙子，这白菜一棵换一棵，其他的你还是留着卖钱吧！"

小伙子说什么也不同意，两个人争执不下。忽然，小伙子放下车，对周围买菜的人说："请大家帮帮忙，今天老人家请客。"说着，抱起白菜便往别人篮子里放。不一会儿，一车白菜所剩无几了，小伙子笑着对齐老说："老人家，白菜不多了，咱们走吧！"齐白石望着小伙子忠诚厚道的面容，只好带着他向自家走去。

这一老一少，一个守信，一个诚实，之后竟成了好朋友了。

■心灵物语

齐白石是我国著名的绘画大师，而小伙子只是一个平凡的卖菜人，他们之间能成为好朋友，还要感谢这白菜。这白菜的一买一卖中，展现了一老一少美好的心灵。事情虽小，却让人体会到了诚信的魅力！

■史海钩沉

齐白石拜师学画

1889年，齐白石拜胡沁园、陈少蕃为师，学习诗画。《白石自状略》

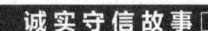

中云："年二十有七，慕胡沁园、陈少蕃二先生为一方风雅正人君子，事为师，学诗画。"

两位老师收下齐白石后，为齐白石取字为"璜"，取名为"濒"，取别号"白石山人"。陈少蕃除对齐白石讲解《唐诗三百首》外，还教他读《孟子》以及唐宋八大家的古文等，并令其闲时读《聊斋志异》一类的小说。胡沁园则教齐白石工笔花鸟草虫，把珍藏的古今名人字画都拿出来让他观摩，同时又介绍齐白石向谭溥（号荔生）学习山水，并鼓励他学写诗，卖画养家。

□文苑荟萃

画华岳图题句

（近现代）齐白石

仙人见我手曾摇，怪我尘情尚未消。

马上惯为山写照，三峰如削笔如刀。

徐特立解断指真相

徐特立（1877—1968年），原名懋恂，字师陶，中国革命家和教育家，湖南善化（今长沙县江背镇）人。毛泽东和田汉等著名人士的老师。

徐特立是中国伟大的教育家，他的左手少了一个指头，是他自己亲手砍下来的。这是怎么一回事呢？

有一天，徐特立的女儿说："爹爹，您是当时的'延安五老'之一，又是毛主席当年的老师，大家都很尊敬您。大家对您当时在学生面前砍下手指写血书有种种传说，有人说您写了'驱除鞑虏，恢复中华'八个字，有人说您写的是'请开国会，断指送行'，到底写的是什么？您能告诉我吗？"

徐特立老人的女儿，同时也是他的秘书。徐老知道，女儿问这事，是在积累他的传记资料，就说："两样都不是！"

他抚摸着自己的左手，说："'驱除鞑虏，恢复中华'这是孙中山先生在海外建立中国同盟会提出来的纲领，下面还有八个字是'建立民国，平均地权'。那时候，清政府对革命党人进行疯狂镇压，孙中山他们只能在海外华侨中宣传革命主张。我当时只是一个教师，怎么可能在国内写这种激进的民主革命口号呢？官府逮了会杀头的。"

徐特立接着说："'请开国会'，这是康有为、梁启超他们提出来改革清朝政治的要求。康、梁曾经使我很信服，可是他们跟孙中山闹对立，而我已经倾向孙中山先生了。"

接着，徐老又说："我为什么断指呢？就是为了激励我的学生起来反对洋人的侵略。那时，我担任周南女子师范学校校长，兼善化小学堂的校长。一天，发现一位姓苏的女生在哭，她是善化县苏知县的女儿。她告诉我，她的爸爸被革职了。什么原因呢？原来外国人要在湖南辰州盖教堂，占了老百姓的地，引起了冲突，官府杀了十几名无辜的百姓，还将一名小官吏押到长沙来杀了。苏知县哭了一场，去收尸，就丢了官。1906年，在江西也因为同样的风波，革掉了一个知县。我在学校给学生讲述这些惨痛的事，为了表示对帝国主义的愤恨和雪耻的决心，就用菜刀砍断自己左手一个指头，顿时血流不止，我昏倒了。这时，有人竟用我流的血写了'请开国会，断指送行'的血书，宣传君主立宪的主张。"

"如果写资料，一定要以诚实的态度，实事求是地写：我断指血书只是为了激励学生反对帝国主义的侵略。"接着徐老意味深长地说了一段话："一个人最怕不老实，青年人最可贵的是老实作风。'老实'就是不自欺欺人，做到不欺骗人家容易，不欺骗自己最难。'老实作风'就是脚踏实地，不占便宜。世界上没有便宜的事，谁想占便宜谁就会吃亏。"

■心灵物语

世界上没有便宜的事，谁想占便宜谁就会吃亏。这是对后人的忠告，也是徐老坦诚做人的原则。

■史海钩沉

鲁南战役

鲁南战役是解放战争时期，中国人民解放军山东野战军和华中野战军在山东省南部地区反击国民党军队进攻的战役。

在战役期间，山东解放区组织了支前民工60多万人，大小车1500余辆，担架6000余副，有力地保障了部队的持续作战。这一战役共历时19天，山东野战军和华东野战军伤亡8000余人，共歼国民党军5.3万余人，缴获坦克24辆、各种火炮200余门、汽车474辆，第一次开创了华东战场人民解放军一次歼灭国民党军两个整编师和一个快速纵队的纪录，极大地挫败了国民党军进攻临沂的计划，获得了对机械化部队作战的经验，并为组建自己的特种兵部队奠定了基础。

■文苑荟萃

徐特立名言

1. 人人都希望过幸福的生活，战胜困难也应当人人尽力。

2. 交朋友是可以产生伟大的力量的。

3. 浪费时间就是自杀，尤其是浪费休息的时间，直接威胁着生命。

4. 不动笔墨不读书。

5. 不怕读得少，只怕记不牢。

6. 我从来不知道什么是苦闷，失败了再来，前途是自己努力创造出来的。

第二篇
君子坦荡

郑玄弃注让服虔

> 郑玄（127—200年），字康成，北海高密（今山东高密）人，东汉著名的经学大师。

郑玄一生遍注群经，所注《周易》《尚书》《毛诗》《仪礼》《礼记》《论语》《孝经》《尚书大传》等几百万余言，被誉为汉代经学的集大成者。

相传郑玄原来还注过《春秋左氏传》。稿子还未完的时候，一次出行，在旅店里和服虔相遇，当时二人并不相识。服虔在外边车上跟别人讲自己注《春秋左氏传》的意见，郑玄听了好久，大多跟自己的意见相同。于是就上前跟服虔攀谈，说："吾久欲注《左氏传》，尚未了；听君向言，多与吾同。今当尽以所注与君。"

郑玄把自己尚未完成的稿子送给服虔，服虔参酌郑玄的意见写成了《左氏服氏注》。这是《春秋左氏传》最早的注本之一，现在已亡佚，只有辑本。

郑玄作为经学大师，把自己未完的注稿送给服虔，这是非常难能可贵的。"文人相轻，自古而然"，看来郑玄就不是这样。欧阳修曾在《朋党论》中说过："大凡君子与君子，以同道为朋；小人与小人，以同利为朋。……（君子）所守者道义，所行者忠信，所惜者名节。以之修身，则同道而相益；以之事国，则同心而共济。"

□心灵物语

郑玄对待朋友坦诚相待,把自己未完的注稿送与朋友。郑玄弃注赞服虔,可谓"同道而相益"的典型。这样的朋友,才可以算得上是"道义之交"。

□史海钩沉

守节不仕与隐居授徒

东汉时期,黄巾起义爆发后,东汉朝廷为了平息地主阶级内部的纷争,一致镇压农民起义,便大赦党人。这时,郑玄已经58岁了,也在这次大赦中获得了自由。

郑玄曾先后游学十几年,走遍全国各地,成为当时全国著名的经学大师。他著述丰赡,弟子众多,在当时有相当大的声望。在解除党禁后,当政者对郑玄的大名已有所闻,于是争相聘请他入朝担任要职。但郑玄求名而不求官,羞与外戚阉寺为伍,因此不愿再涉足仕途,于是屡拒征辟,一心一意从事著书讲学的学术工作。

灵帝中平二年(185年),执掌朝廷大权的外戚大将军何进为了笼络人心,首先征辟郑玄入朝为官。州郡官吏胁迫起行,郑玄不得已,只好入朝去见何进。何进为了表示礼贤下士,对郑玄礼敬有加,设几、杖之礼以待之。而郑玄为了保持自己的名士节操,拒不穿朝服,只穿着普通儒者的便服与何进相见。仅隔了一夜,未等授予官职,郑玄就逃走了。

灵帝中平四年(187年),三司府曾先后两次征辟郑玄,但他都借故婉言谢绝了。第二年,郑玄与荀爽、申屠蟠、襄楷、韩融、陈纪等14人并被征为博士,他因父丧而未去。后来,将军袁隗表举郑玄为侍中,他仍以居丧为理由而拒绝出仕。

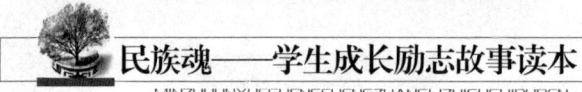
 # 皇甫绩诚实求打罚

皇甫绩（541—592年），安定郡朝那县人，隋朝大臣。周武帝时，卫刺王发动宫廷政变，皇甫绩不顾个人安危，救护了太子，因此得到了周武帝的赏识和重用，升任小宫尹，侍奉太子。那时，北周正处在上升阶段，灭了北齐，统一了北方。宣政初年，皇甫绩受封为义阳县男，任御正下大夫。隋统一全国后，皇甫绩出任苏州刺史。此后，皇甫绩历任信州总管、掌十州军事，52岁时去世。

皇甫绩是隋朝时的一位名臣。他自小丧父，跟着母亲到外祖父家居住，与表哥、表弟一起学习、玩耍。

皇甫绩聪明好学，在读书、写文章方面，他的表哥表弟都不如他，因此他也经常受到外祖父的表扬。皇甫绩还喜欢下象棋，但下不过表哥，但他不服输，私下里总是反复琢磨。

有一天，皇甫绩又要和表哥下棋，比比高低。表哥看看天，太阳已经偏西了，说："该上课了，以后再下吧！"表弟也说："耽误学习，爷爷会不高兴的。"但皇甫绩苦苦哀求，表哥有些过意不去，心想：皇甫绩从小丧父，跟姑妈回来，爸爸和爷爷都说凡事要让着他，不要惹他生气。想到这里，说："好吧！咱们快点儿下完棋，然后就去上课，别让老师等咱们。"

于是，三人便到谷仓里下棋，不知不觉就错过了上课的时间。

外祖父知道这件事后，生气地将他们三人叫回来，责问道："你们知道自己错了吗？"

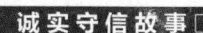

"知道，我们耽误了学习。"表哥先认了错。

"外公，这事是我的主意，与表哥无关！"皇甫绩说。

"你表哥比你大，他应该懂得。你小，父亲又死得早，跟着他混是没出息的。"爷爷说完，狠狠地打了表哥30大板作为惩罚，并命他把落下的课立即补上。

事后，皇甫绩深感内疚，但又不知该怎么办好。他向母亲认了错，母亲对他说："你知错就好，做人一定要诚实，要勇于认错、勇于改错，才是一个好孩子。"

第二天，皇甫绩又去找表哥道歉，并请求表哥代替外公打他30大板。表哥听后，哈哈大笑起来，说："事情已经过去了，以后不要再犯就是了，挨打的滋味是不好受的。"

皇甫绩急了，说："表哥，如果你希望我长大成为一个有用的人，你就给我一个改错的机会吧。这次下棋明明是我的错，而挨打的却是你，我现在知错，要改错，而你又不愿意让我改，这样下去，会造成今后的大错的，请表哥三思！"

表哥觉得皇甫绩的话有道理，就顺手拿起一根树枝，轻轻地打了皇甫绩几下。

皇甫绩说："表哥，这样不疼不痒等于没打，也让我下不了改正错误的决心。外公怎样打你，你就怎样打我！"说完，他趴在凳子上，让表哥狠狠地打了他30大板。

打完后，皇甫绩爬起来说："这才是我的好表哥，有罪同受嘛！"

外公听说此事，对皇甫绩的母亲说："这孩子真诚实，将来定会有出息的。"

□心灵物语

皇甫绩能够自愿接受处罚，说明他是一个诚实的孩子，并勇于承担责任，改正错误。在人生的道路上，每个人都会有这样那样的错误，但勇于承认并改正的人，才能有所进步，有所作为！

■史海钩沉

皇甫绩参政

大定元年（581年），杨坚受禅称帝，改国号为隋，这便是历史上有名的隋文帝。皇甫绩相继任豫州刺史、尚书，后又出任晋州刺史。他极力建议杨坚出兵灭掉陈朝，完成统一天下的大业。

全国统一后，皇甫绩出任苏州刺史。当时，隋朝刚刚统一，南方社会秩序比较混乱。开皇十年（590年），南方士族高智慧在越州（今绍兴）发动叛乱，苏州人顾子元响应，围攻苏州城，皇甫绩苦守80多天。后来，杨素率大军前往支援，才击败了叛军。此后，皇甫绩又历任信州总管、掌十州军事等，52岁时去世。

■文苑荟萃

隋朝瓷器

隋朝是中国瓷器技术发展的重要阶段，其显著的表现是在河南安阳、陕西西安等墓葬中出土了一批白釉瓷。沼陂白瓷，胎质坚硬，色泽晶莹，造型生动美观，这也是中国较早出现的白瓷。隋代青釉瓷器的发展更为广泛，在河北、河南、陕西、安徽以及江南等地，都有青瓷出土，并发现了多处隋代的窑址。

 # 杜甫不吝人打枣

> 杜甫（712—770年），字子美，自号少陵野老，汉族，河南巩县（今河南巩义市）人。世称杜工部、杜拾遗，盛唐时期伟大的现实主义诗人。他忧国忧民，人格高尚，一生写诗1400多首，诗艺精湛，被后世尊称为"诗圣"。官至左拾遗、检校工部员外郎，代表作有"三吏""三别"等，有《杜工部集》传世。纪念地有杜甫草堂、杜甫墓、杜公祠、杜甫公园、杜陵桥、杜陵书院等。

杜甫是我国唐代一位现实主义大诗人，他与另一位浪漫主义大诗人李白在我国诗歌史上双峰并峙，合称"李杜"。由于杜甫的诗作多反映广大劳动人民的疾苦，反映社会的现实，他的诗被后人誉为"诗史"，而他本人则被尊称为"诗圣"。

杜甫一生十分简朴，长期生活在社会的下层。有一段时间，他住在四川省浣西的一座草堂里，他的小院里种了几棵枣树，每到枣子成熟的季节，枣树的枝头就被压得弯弯的，硕果累累。杜甫的左邻右舍都喜欢吃枣子，于是，他就把枣子打了下来，一家一家地送给邻居们。有些小孩子不懂事，也经常自个儿来到杜甫的小院子里打枣子吃，有的孩子甚至攀上枣树去摘枣子。杜甫只是习惯地站在茅屋的低檐下，看着这些天真活泼的孩子，从不去大声斥责他们。后来西邻的一个寡妇也常来打杜甫的枣子，杜甫看她生活得十分艰难，很同情她，不但不说她的不是，反而每次都帮她打得更多一些。

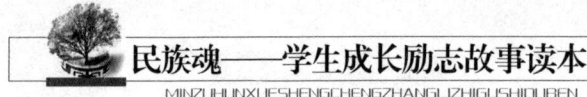
别的邻居看到杜甫这样宽容对人，就对杜甫说："先生是一个大好人，不仅让小孩子们来打枣子吃，还让大人来打枣子。"

杜甫笑笑说："我院子里的枣树多，我一人也吃不过来，还是大家分享得好。这枣树每年结这么多枣子，也是大自然的造化，我怎么能独享其福呢？"

后来杜甫搬了家，他的茅屋和枝头缀满枣子的枣树都转给了他的一个姓吴的亲戚。不想这吴姓亲戚刚一搬到这草舍来，就在枣树的周围竖起了一圈篱笆，并告诉左邻右舍，以后再不要来打枣子了。杜甫知道这事后，就写了一首诗，来劝告自己的亲戚。

堂前扑枣任西邻，无食无儿一妇人。

不为困穷宁有此？只缘恐惧转须亲。

即防远客虽多事，便插疏篱却甚真。

已诉征求贫到骨，正思戎马泪盈巾。

这首诗的大意是说，我在茅屋里住的时候，从不阻拦邻居们来打枣子，特别是那个无依无靠的妇人，她如果不是贫困到了万般无奈的境地，是不会来打我们的枣子的。她来打枣子的时候心怀恐惧，我们不仅不能呵斥她，还要向她表示我们对她的友好，这样她再来打枣子的时候可能会好受一些。现在，你插上了篱笆，明显是防止她和那些邻居们来打枣子，那么别人就会感到不舒服。况且在这官府逼人、战乱多事的年代，人们生活本来就很不容易了，我们就不要再像那样对待人家了。

■心灵物语

杜甫流传千古的诗歌来源于生活，更来源于对劳苦大众的关怀。杜甫这种真诚待人的品质也同其诗歌一样被后人经久传诵。

□史海钩沉

新乐府运动

新乐府运动是由唐代诗人白居易、元稹等所倡导的一场诗歌革新运动。

"新乐府"一词是由白居易相对汉乐府而提出的,其含义就是以自创的新的乐府题目咏写时事,因此又被称为"新乐府运动"。

这类诗的特点是:自创新题,咏写时事,体现汉乐府的现实主义精神。除了白居易之外,元稹、李绅、张籍、王建等也是这一运动中的重要作家。白居易的《新乐府》50首,《秦中吟》10首,元稹的《田家词》《织妇词》,张籍的《野老歌》,王建的《水夫谣》,都是为新乐府运动中的优秀作品。

□文苑荟萃

三吏、三别

"三吏""三别"分别为杜甫所著的《新安吏》《石壕吏》《潼关吏》和《新婚别》《垂老别》《无家别》,也是杜甫现实主义诗歌的代表作。它们真实地描写了特定环境下的县吏、关吏、老妇、老翁、新娘、征夫等人的思想、感情、行动、语言等,生动地反映了当时的社会现实和广大劳动人民深重的灾难和痛苦,展示给世人一幕幕凄惨的人生悲剧。在这些人生苦难的描述中,一方面,诗人对饱受苦难的人民寄予了深深的同情,对官吏给予人民的奴役和迫害深恶痛绝;另一方面,他又拥护王朝的平乱战争,希望人民忍受苦难,与王朝合作平定叛乱。这种复杂、矛盾的思想是符合诗人忧国忧民的思想面貌的。

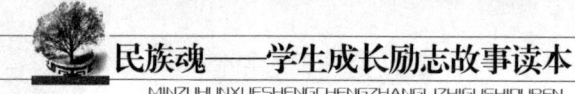

垂老别

（唐）杜　甫

四郊未宁静，垂老不得安。

子孙阵亡尽，焉用身独完。

投杖出门去，同行为辛酸。

幸有牙齿存，所悲骨髓干。

男儿既介胄，长揖别上官。

老妻卧路啼，岁暮衣裳单。

孰知是死别，且复伤其寒。

此去必不归，还闻劝加餐。

土门壁甚坚，杏园度亦难。

势异邺城下，纵死时犹宽。

人生有离合，岂择衰老端。

忆昔少壮日，迟回竟长叹。

万国尽征戍，烽火被冈峦。

积尸草木腥，流血川原丹。

何乡为乐土，安敢尚盘桓。

弃绝蓬室居，塌然摧肺肝。

幼年司马光说谎受训

司马光（1019—1086年），北宋时期著名史学家、散文家、政治家。北宋陕州夏县涑水乡（今山西夏县）人，汉族。字君实，号迂夫，晚年号迂叟，世称涑水先生。赠太师、温国公、谥文正。司马光自幼嗜学，尤喜《春秋左氏传》。

　　童年时期的司马光，与弟弟司马义一同读书。司马光天资聪颖，读书往往是过目不忘，因此也寄托了父亲全部的期望；而司马义则天性驽钝，为人忠厚老实，即使常常被司马光嘲笑，他也毫不介意。

　　有一天，教书先生对司马光的一篇作文大加赞扬，司马义也冲着司马光竖起了大拇指，为他高兴，可司马光却红着脸低下了头。原来，这篇作文并不是他自己写的，而是从古书上抄袭的。

　　司马义得知这件事后，建议他马上去向先生说实话，司马光却犹豫不决，说："我只抄袭了一部分，先生是不会看出来的。告诉了先生，先生反而会觉得没有面子，连学生作文抄袭都没有看出来。再说，我以后不再抄袭就是了！"

　　然而，事与愿违，先生不是没有看出来，而是早就看出来了，并将此事告诉了司马光的父亲。父亲知道后，大发雷霆，立即要训斥司马光，但被先生阻止了。原来，先生已经想出了一个两全其美的好办法……

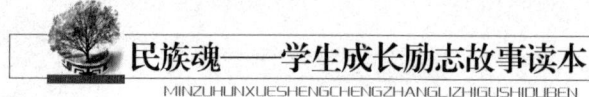
有一天，父亲把司马光兄弟二人叫到书房，吩咐他们做一件最简单的家务活——剥一包花生米的内皮，看谁剥的最多，唯一的条件是要自己动脑筋，不能让他人帮忙。于是，兄弟两人各拿着一包花生米回到了自己房间去剥。

为获得父亲的赞扬，司马光拼命地剥。他采用了很多的办法：先用两只手狠劲儿地搓，但搓红了两个小手掌，内皮还是牢牢地包在花生米上；他又拼命地用手指甲抠，但指甲很快就抠得出血了。最后，他心一急，干脆用牙齿使劲儿地啃起来。

这时，丫鬟梅香走了过来，看见司马光焦急的样子，不禁"扑哧"一声笑了起来。她说："我有个办法，可以让你一会儿就把花生米的皮都剥完。"说着，便要教他怎么做。

司马光想起了父亲定的规则，有些犹豫。但一想到剥的多就能得到父亲的赞扬，他还是决定让梅香帮忙。

不一会儿，司马光就兴冲冲地来到父亲的书房，将一包圆润光洁的花生仁交给了父亲。奇怪的是，这次父亲并没有夸奖他。这时，司马义也来了，掏出了一小把坑坑洼洼、带着牙齿印的花生仁。

父亲让司马光告诉弟弟自己是怎么剥的，司马光得意地说："用开水将花生米泡一下再剥，剥起来就很容易了。"父亲问他，这个办法是不是自己想出来的，司马光犹豫了一下，还是点了点头，但脸色非常难看。父亲非常失望地看着他，什么话也没有说，就让他们走了。

司马光回到自己的房间后，内心感到十分难过：向父亲说实话吧，担心他会很失望；不说吧，又是在欺骗他。最终，诚实战胜了虚荣，司马光还是将事情原原本本地告诉了父亲，并承认了自己的错误。

父亲看着他，眼神中露出一丝喜悦，却严厉地说："诚信是做人之本，难以想象，一个从小为了一点儿小事就要投机取巧的人，长大了会成为一个廉洁奉公、正直无私的人！你小小年纪，就染上说谎的毛病，就好像幼小的树生了蛀虫，必须马上清除，否则就不可能长成栋梁之材！"司马光这才知道，原来剥花生米正是父亲在考验自己呢！

司马光牢牢地记住了父亲的话，从此再不说谎了。长大成人后，他还给自己取了个字，叫作"君实"，以此勉励自己永远做一个诚实正直的人；他还把这种美德传给了子孙，成为代代相传的家风。

■心灵物语

诚实守信的品德要从小培养，诚信教育要从娃娃抓起。司马光的父亲说得好："诚信是做人之本，难以想象，一个从小为了一点儿小事就要投机取巧的人，长大了会成为一个廉洁奉公、正直无私的人！"我们都应该知道这个道理，从小就要培养诚实守信的品德。

■史海钩沉

司马光编撰《资治通鉴》

宋神宗熙宁年间，司马光强烈地反对王安石的变法改革，上疏请求外任。熙宁四年（1071年），他自请判西京御史台，自此在洛阳住了15年，不问政事。在这段岁月中，司马光主持编撰了294卷300万字的编年体史书《资治通鉴》，耗时19年。

《资治通鉴》上起周威烈王二十三年（公元前403年），下迄五代后周世宗显德六年（959年），共记载了16个朝代1362年的历史。司马光在《进资治通鉴表》中说："臣今筋骨癯瘁，目视昏近，齿牙无几，神志衰耗，目前所谓，旋踵而忘。臣之精力，尽于此书。"

为了这部书，司马光可谓付出了毕生的精力，成书不到两年，他便积劳而逝。《资治通鉴》从发凡起例至删削定稿，司马光都亲自动笔，不假他人之手。清代学者王鸣盛说："此天地间必不可无之书，亦学者必不可不读之书。"

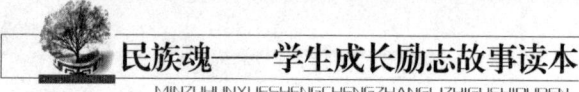

■文苑荟萃

《资治通鉴》

《资治通鉴》是由我国古代著名史学家、政治家司马光与他的助手刘攽、刘恕、范祖禹、司马康等人，历时19年编纂而成的一部规模空前的编年体通史巨著。在这部书里，编者总结了许多经验教训，供统治者借鉴。书名的意思是"鉴于往事，有资于治道"，也就是以历史的得失作为借鉴来加强统治，所以名为《资治通鉴》。

《资治通鉴》全书294卷，约300多万字，另有《考异》《目录》各30卷。《资治通鉴》所记的历史断限，上起周威烈王二十三年（公元前403年），下迄后周显德六年（959年），前后共1362年。全书按朝代分为十六纪，即《周纪》5卷、《秦纪》3卷、《汉纪》60卷、《魏纪》10卷、《晋纪》40卷、《宋纪》16卷、《齐纪》10卷、《梁纪》22卷、《陈纪》10卷、《隋纪》八卷、《唐纪》81卷、《后梁纪》6卷、《后唐纪》8卷、《后晋纪》6卷、《后汉纪》4卷、《后周纪》5卷。

《资治通鉴》的内容都是以政治、军事和民族关系为主，兼及经济、文化和历史人物评价，目的是通过对事关国家盛衰、民族兴亡的统治阶级政策的描述，以警示后人。

朱晖不负生死之托

朱晖（10—89年），字文季，东汉南阳宛（今河南南阳）人。家世衣冠。晖早孤，有气决。

东汉的时候，河南南阳有两个人，一个叫朱晖，一个叫张堪。两个人原来并不认识，后来读太学期间，两人做了同学，结识后甚为投缘，才慢慢熟悉起来。朱晖不但知识渊博，且为人正直。当时的张堪已是朝廷重臣，很欣赏朱晖的学识与为人，再加上是同乡关系，就有意提拔朱晖，可朱晖婉言谢绝了。这样一来，张堪更觉得朱晖是个可以信赖的人。

太学学业结束之后，两人在分手之时，张堪推心置腹地与朱晖说："你是一个非常自持的人，倘若哪日我身体不好，乘鹤仙去，愿把自己的身家与妻儿都托付于你！"

朱晖忙道："岂敢岂敢。"他内心却非常感激，毕竟有人把自己当作生死之交，也是一件让人欣慰的事。当时，他们的身体都很好，朱晖也没有把张堪的话当回事，并没有作出任何承诺。

之后，两个人因为种种原因便失去了联络。没过多久，张堪便去世了。张堪为官清正廉洁，家中积蓄少，因此死后妻儿的生活都非常拮据困难。然而，正当他们为生活困窘发愁之时，朱晖却闻讯赶来，向张堪的妻儿伸出了援助之手。此后，他就不断地给张堪的家里资助，年复一

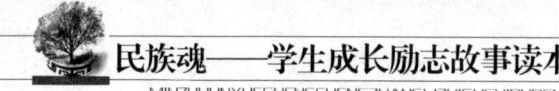
年地去关心他们。

朱晖的儿子非常不理解，就问朱晖："您过去和张楷并无深交，为何对他的家人如此厚待与关心呢？"

朱晖感慨道："我和张楷只是彼此倚重、生死相托的朋友，这就足够了。"

儿子更感到纳闷了："既然你们是好朋友，怎么不曾来往？"

朱晖道："我与张楷虽然来往不密，但是张楷在生前曾有知己相托之言。他所以托付给我，是因为他信得过我，我又怎能辜负这份信任呢？何况当时我嘴上虽然未置可否，但心中已答应了。那时张楷身居高位，自然不需要我的帮助。如今他不在了，他的家人生活窘困，我又怎能袖手旁观呢？"

在自己的家乡，朱晖也是个扶贫济困非常有爱心的人。南阳太守很仰慕朱晖的为人，为了褒扬朱晖，便想请朱晖的儿子去做官。可是，朱晖想把这个当官的位置让给张楷的儿子，于是就找到南阳太守，说："谢谢你的好意，犬子才疏学浅，不适合为官。我倒想向你推荐一人，是我故人张楷的儿子，他学习刻苦，非常守礼仪，是个可造之才。我愿意把故友的儿子推荐给你，让他去当官，为民众服务。"

后来，张楷的儿子果然没有辜负朱晖对他的信任，为官后廉洁奉公，勤奋踏实，为人民做了很多好事。朱晖后来官至尚书令，却从来不炫耀自己，他还在背地里经常告诫儿子说："你不一定要学我如何做官，但务必要学我如何做人。"

心灵物语

在为人处世上，只有做到以诚待人、言而有信，才能得到别人的尊重和认可。朱晖对待朋友诚挚守信，答应的事情无论有多困难都照做不误，这种诚实守信、济人于危困的品行实在令人敬佩。

□史海钩沉

五均赊贷

在古代的《周礼》当中，记载有赊贷之法；在《乐语》中，则有"五均"之官。王莽称帝后，托古改制，实施了五均赊贷政策，以此为管理物价、负责税收及赊贷的规定。其法于长安东、西两市及洛阳、邯郸、临淄、宛、成都五大城市设均输官，改原来的市令、长为五均司市师，下设有交易丞五人，司平衡物价，设钱府丞一人，司税收及赊贷。

所谓平衡物价，实为贱买贵卖，从中渔利，收税范围遍及各业。凡是工商渔采畜牧，以及医巫卜祝等，无一幸免。官府赊贷虽然取息略轻，但过期不还，罚作罪徒，实行的结果是"奸吏猾民并侵，众庶各不安生"。社会矛盾激化，加速了新朝的灭亡。

□文苑荟萃

安 车

安车是古代的一种通常用一匹马拉的、可以在车厢里乘坐的车子。古代时，人们乘车一般都是站立在车厢里的，而安车则可以安坐，因而得名。

《礼记·曲礼上》中记载："大夫七十而致事（退休）……适四方，乘安车。"汉郑玄注："安车，坐乘，若今小车也。"官员告老，或者是征召德高望重的人，往往都会赐乘安车，这也是一种优礼方式。

安车大多用一匹马来拉，也有用四匹马拉的，那是表示特殊的礼遇。《史记·儒林列传》中有载："于是天子使使束帛加璧，安车驷马迎申公，弟子二人乘轺传从。"申公年高德劭，故而汉武帝用驷马安车去征迎他；其弟子从行，却只能乘一马或二马拉的普通传车（轺传）。

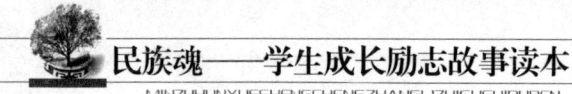
太史慈不爽约

太史慈（166—206年），字子义，东莱黄县（今山东龙口市）人。东汉末年武将，官至建昌都尉。弓马熟练，箭法精良。原为刘繇部下，后被孙策收降，于赤壁之战前病逝，死时年仅41岁。

太史慈年少时聪颖好学，初仕郡奏曹史，以勇毅为北海相孔融所看重。黄巾起义爆发后，孔融被围在许昌，太史慈"冒白刃，突重围"，到平原刘备处搬救兵，从此与孔融结为忘年之交。

扬州刺史刘繇与太史慈是同乡，当时因袁术割据江南，未能赴任，便暂时寄住在曲阿（今江苏丹阳）。太史慈到曲阿看望刘繇时，正好赶上孙策率兵来攻，刘繇便让太史慈"侦视轻重"。太史慈单骑一人，与孙策碰个正着。当时，孙策带着13骑人马，都是与韩当、黄盖一样的猛将，太史慈便勇猛地迎了上去。孙策用枪刺太史慈的马，夺下了太史慈挂在脖子上的手戟，太史慈则趁机揪下了孙策的头盔。难解难分之际，两家兵马都来救援，才各自撤退。

刘繇在曲阿失去了立足之地，便走往豫章。太史慈则逃到芜湖，亡命山中，自称丹阳太守。后来他又进驻到泾县，聚集山野百姓自保。

不久，孙策亲自率兵征讨，太史慈战败被俘。孙策一向仰慕太史慈的大名，这次更是亲自给他松绑，拉着他的手说："宁识神亭时邪？若卿尔时得我云何？"

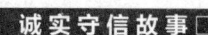

太史慈说："未可量也。"

孙策大笑，说："今日之事，当与卿共之。"

于是马上传达命令，拜太史慈为折冲中郎将，并向他请教下一步进军的策略。太史慈说："败兵之将，不足与论事。"

孙策说："昔韩信定计于广武，今策决疑于仁者，君何辞焉？"

太史慈很感动，于是向孙策表示："州军新破，士卒离心，若倘分散，难复合聚。欲出宣恩安集，恐不合尊意。"

孙策一听，长跪施礼，说："诚本心所望也。明日中，望君来还。"

太史慈走后，诸将都持怀疑态度。孙策说："太史子义，青州名士，以信义为先，终不欺策。"

第二天，孙策大会诸将，准备酒食，立竿视影。到了中午时，太史慈果然来到，孙策非常高兴。之后，孙策又派太史慈到豫章招抚刘繇等人，太史慈也都如期而返，准时地完成了任务。

孙策以太史慈"气勇有胆略"，"志经道义，贵重然诺，一心意许知己，死亡不相负"，对他很器重，曾任他为建昌都尉，"治海昏"，并督诸将抵拒外寇。孙策死后，孙权对太史慈也非常信任，"遂委南方之事"。可惜的是，太史慈英年早逝，死时年仅41岁。

传说曹操对太史慈也非常欣赏。当时曹操称雄中原，曾经给太史慈写过一封信，用箱子封好。太史慈收到信后，打开一看，信上并没有文字，只有一箱子中药——"当归"。太史慈是北方人，"当归"即曹操欲其北归之意。但太史慈毫不为之所动，一笑置之。

心灵物语

太史慈为人诚而有信，对待君主忠贞不二，孙策评价太史慈为"志经道义，贵重然诺，一以意许知己，死亡不相负"，由此可见太史慈在诚实守诺这一点上的确值得我们敬佩。

■史海钩沉

东汉与羌族的关系

东汉初年，汉光武帝刘秀削平陇西割据势力后，重新设置护羌校尉，管理羌族诸部落，并陆续迁羌族于陇西、天水、扶风诸郡（甘肃东部、陕西西部一带）。58年，窦固等人攻破了青海境内未臣服的烧当诸部后，又把他们迁徙至关中一带。

为了隔断徙居内地的羌族诸部与青海境内未臣服羌族的联系，防止他们联合反抗，东汉朝廷在今青海西宁、乐都一带建立了屯田区，长期驻军屯垦。从汉安帝时起，羌族人民便发动了三次大规模的起义，前后延续五六十年。羌族人民的斗争和各地的农民起义相呼应，给东汉王朝带来了致命的打击。由于东汉王朝长期的残酷战争，使整个西北地区残破不堪，社会经济也遭到巨大的破坏。

■文苑荟萃

太史慈墓

太史慈墓位于江苏省镇江市北固山中峰南麓。整座墓高1.7米，直径约3米，建于长6.7米、宽7.4米的石平台上。北面的挡土墙长为6.8米，高2米左右不等。墓前有高1.43米、宽约0.7米的大理石碑，上面刻着七个大字"东来太史慈之墓"。

原来的太史慈墓早已不见了，1872年修筑城墙时才发现，后来经过屡次修治。抗战前期曾修葺一新，新中国成立之初，因塌山被埋没。现在的墓于1985年重建。原墓前有一块碑简要记述了太史慈的生平事迹，现已无存。

 # 张辽闻过则改

张辽（169—222年），字文远，汉族，雁门马邑（今山西朔州）人。三国时期曹魏著名将领，官至前将军、征东将军、晋阳侯。后人将他与乐进、于禁、张郃、徐晃并称为曹魏的"五子良将"。

张辽有一个时期和他的护军武周有隔阂。后来，他想与胡质交好，便通过刺史温恢去说和，胡质却以身体有病为由拒绝了。

后来，张辽在外边见到胡质，问："末将一心一意想同您交好，为什么您对我如此冷漠呢？"

胡质说："古人之交也，取多知其不贪，奔北知其不怯，闻流言而不信，故可终也。武伯南（武周）身为雅士，往者将军称之不容于口，今以睚眦之恨，反成嫌隙。况质才薄，岂能终好？是以不愿也。"

张辽听了胡质的话，很有感触，于是又和武周复交，成了志同道合的朋友。

张辽闻过则改，不计前嫌，主动承担责任和武周重归于好，这是很难得的。朋友之交，贵在知心，如果仅以睚眦之恨，即反成嫌隙，就不是道义之交。以实而论，朋友之间也不会事事相和，会发生龃龉和矛盾，关键是如何处理这些矛盾。

■心灵物语

胡质说得好:"人之交,取多知其不贪,奔北知其不怯,闻流言而不信,故可终也。"这里主要是一个"信"字——信任。如果对朋友有基本的信任,就不会因睚眦之怨而产生嫌隙。即便是发生嫌隙,也能主动承担责任并互相谅解,这样才能增进友谊,在事业上获得更多的帮助。

■史海钩沉

合肥激战

建安二十年(215年),曹操征讨张鲁。他先教护军薛悌付其一书,署名急函,到合肥给张辽,上面写着"贼至乃发"(贼军来到便拆信阅之)。

不久,东吴的孙权便率领十万大军进围合肥,合肥诸守将都共同拆信来看曹操教的办法。信中言道:"若孙权军到来,张、李将军出战;乐将军守护军,不得与战。"诸将都为此感到疑惑。这时张辽便说:"曹公远征在外,待其救兵来时,敌军必定已攻破我们了。所以曹公教我等众将,待敌军未合便逆(迎)而击之,摧折敌军锋锐,以安众人之心,然后方可坚守。成败之机,在此一战,诸君何须疑惑?"

而李典也与张辽持相同的意见。于是,张辽就在夜间募集敢于逆击敌锐之士,共得800余人。张辽命人开剥牛支,让将士们饱食,准备明日大战。第二天天还未亮,张辽就披甲持戟,独自先登,直陷敌阵,力杀数十人,斩其二将,并在阵中大声呼喊着自己的名,然后突然冲入重垒,直至孙权麾旗之下。

孙权见状大惊,不知所措,只好登高丘之上,以长戟自守。张辽见敌军退避,便叱喝孙权,挑衅他下来对战。孙权惧怕而不敢动,而当孙权看到张辽所领的兵原来很少时,便聚众军队数重围困张辽。张辽在吴阵左右突围,直前急击,其围不禁冲撞而开,张辽将领麾下数十人得以脱出。但阵中尚有余众未出,皆号呼张辽道:"将军舍弃我们了吗?"张辽又重新入重围，救出被困余众。孙权人马都望风披靡，无人敢挡张辽。

　　这一战从早晨到中午，吴军的锐气为张辽所夺，而魏军此时还在守备，众心方才安定下来，诸将对张辽的勇猛都很叹服。孙权守击合肥十余日，城不可拔，于是还军退师。张辽便率诸军乘势追击，差一点儿就擒获了孙权。曹操闻此，大赞张辽的表现，拜张辽为征东将军。

■文苑荟萃

张辽墓

　　张辽墓位于安徽省合肥市逍遥津公园内湖中岛上，为衣冠冢，现存墓冢、张辽陈列馆、逍遥阁和渡津桥。

　　后来，合肥市委、市政府又对逍遥津公园进行了全面地改造，建设了张辽墓，包括建碑亭、墓丘、亭廊、三国故事瓯塑等，并更换了铜质的张辽塑像，使张辽墓景点成为一个完整的系列。

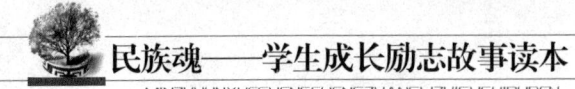
 # 宋濂为官诚实无欺

> 宋濂（1310—1381年），字景濂，号潜溪，别号玄真子、玄真道士、玄真遁叟。汉族，浦江（今浙江义乌）人，元末明初文学家，曾被明太祖朱元璋誉为"开国文臣之首"，学者称其为"太史公"。宋濂与高启、刘基并称为"明初诗文三大家"。洪武四年因献诗"自古戒禽荒"一语激怒朱元璋致祸。明初明惠帝的忠臣、学者方孝孺，少时即师从宋濂。

宋濂幼年"英敏强记"，曾受业于闻人梦吉、吴莱、柳贯、黄溍等。元至正年间，他被举荐为翰林编修，以双亲年老推辞，入龙门山著书。龙凤四年（1358年），朱元璋克婺州（今浙江金华），慕名聘请他为《五经》师。第二年三月，授江南儒学提举，为太子师，不久又改起居注，"恒侍左右，备顾问"。明朝建立后，他被任命为《元史》撰修总裁，书成，迁翰林学士，官至学士承旨制知诰，深为朱元璋所倚重。

明朝初立，元末战乱、经济凋敝、百废待兴，统治者采取什么样的政策极为重要。在这个问题上，宋濂"敷陈王道，忠诚恪慎"，力劝朱元璋在开国之初戒"汉武溺方技谬悠之学"，效"文景恭俭之风""以礼义治心""以学校治民""自古戒禽荒""刑罚非所先"，给朱元璋以很大的影响。明初采取的一系列恢复经济和巩固中央集权的措施，也都与宋濂有关，尤其是明代的"礼乐制作，濂所裁定者居多"。

宋濂为人诚恳谨慎，长期在宫内朝廷为官，没有指讦过别人的过错。他住的屋子自署名为"温树"，有人向他打听宫廷内的事，他就指着"温树"二字给他看，不说话。

有一次，他和客人在一起饮酒，被性多猜忌的明太祖暗中派人侦知。第二天，明太祖问宋濂昨日是否饮酒，客人是谁，吃的什么东西，宋濂如实回答。明太祖笑着说："诚然，卿不欺朕。"明太祖多次私下召见宋濂，询问群臣臧否，宋濂只推举那些为官清廉和善的人，说："善者与臣友，臣知之；其不善者，不知也。"

主事茹太素上书万余言，议论朝政，明太祖勃然大怒，召集廷臣，讨论此事。有的大臣阿顺明太祖的旨意，指着茹太素的奏书说："此不敬，此诽谤非法。"问及宋濂，他却说："彼尽忠于陛下耳。陛下方开言路，恶可深罪？"

不久，明太祖仔细览阅了茹太素的奏书，发现其中确有可采纳的建议。于是他召见廷臣，责问他们，并感慨地说："微景濂几误罪言者。"

作为一名老成持重的开国名臣，明太祖对他除倚重之外更加敬佩。一次，明太祖在朝廷上对他大加赞誉，说："朕闻太上为圣，其次为贤，其次为君子。宋景濂事朕十九年，未尝有一言之伪，诮一人之短，始终无二，非止君子，抑可谓贤矣！"

■心灵物语

为人诚实正是在社会上的立身之本。宋濂之所以成为千古名相，与其为人一生诚实无欺的良好品质是不无关系的。

■史海钩沉

宋濂的散文

宋濂是元末明初的著名文学家，与杨维桢交情深厚。明朝初年，杨氏去世后，宋濂为其作墓志铭，对杨维桢的文学才能和成就推崇备至，甚至以相当宽容的语气描绘了他晚年"旷达"和"玩世"的生活情态。这与宋

濂一向的严厉理论是颇不谐调的。

宋濂还有一些散文,对生活实际比较尊重,因而在宣扬某种道德观念的同时,也比较接近真实的人性。如他所著的《王冕传》,写出一个元末"狂士"的精神面貌,开头描写王冕少年读书情形的一节,颇有情趣。

"王冕者,诸暨人。七八岁时,父命牧牛陇上,窃入学舍,听诸生诵书。听已,辄默记。暮归,忘其牛。或牵牛来责蹊田,父怒,挞之,已而复如初。母曰:'儿痴如此,曷不听其所为?'冕因去,依僧寺以居。夜潜出,坐佛膝上,执策映长明灯读之,琅琅达旦。佛像多土偶,狞恶可怖。冕小儿,恬若不见。"

又如《鹿皮子墓志铭》中,详细介绍了陈樵"屏去传注,独取遗经"而自成一家的思想成就。《竹溪逸民传》又写出了一个出世高士的形象。由于作者对不同的人物个性都采取一种同情的态度,所以也都写得比较出色。《送东阳马生序》则自述了早年在贫寒中求学的艰辛,也很真实动人。

■文苑荟萃

送东阳马生序

(元)宋　濂

余幼时即嗜学。家贫,无从致书以观,每假借于藏书之家,手自笔录,计日以还。天大寒,砚冰坚,手指不可屈伸,弗之怠。录毕,走送之,不敢稍逾约。以是人多以书假余,余因得遍观群书。既加冠,益慕圣贤之道。又患无硕师名人与游,尝趋百里外从乡之先达执经叩问。先达德隆望尊,门人弟子填其室,未尝稍降辞色。余立侍左右,援疑质理,俯身倾耳以请;或遇其叱咄,色愈恭,礼愈至,不敢出一言以复;俟其欣悦,则又请焉。故余虽愚,卒获有所闻。

当余之从师也,负箧曳屣行深山巨谷中,穷冬烈风,大雪深数尺,足肤皲裂而不知。至舍,四肢僵劲不能动,媵人持汤沃灌,以衾拥覆,久而乃和。寓逆旅,主人日再食,无鲜肥滋味之享。同舍生皆被绮绣,戴朱缨宝饰之帽,腰白玉之环，左佩刀，右备容臭，烨然若神人；余则缊袍敝衣处其间，略无慕艳意，以中有足乐者，不知口体之奉不若人也。盖余之勤且艰苦此。今虽耄老，未有所成，犹幸预君子之列，而承天子之宠光，缀公卿之后，日侍坐备顾问，四海亦谬称其氏名，况才之过于余者乎？

今诸生学于太学，县官日有廪销之供，父母岁有裘葛之遗，无冻馁之患矣；坐大厦之下而诵《诗》《书》，无奔走之劳矣；有司业、博士为之师，未有问而不告，求而不得者也；凡所宜有之书皆集于此，不必若余之手录，假诸人而后见也。其业有不精，德有不成者，非天质之卑，则心不若余之专耳，岂他人之过哉？

东阳马生君则在太学已二年，流辈甚称其贤。余朝京师，生以乡人子谒余。撰长书以为贽，辞甚畅达。与之论辩，言和而色夷。自谓少时用心于学甚劳。是可谓善学者矣。

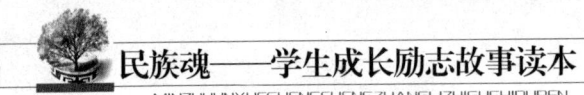
少年梁启超诚实守信

> 梁启超（1873—1929年），中国近代史上著名的政治活动家、启蒙思想家、资产阶级宣传家、教育家、史学家和文学家。戊戌变法（百日维新）的领袖之一。曾倡导文体改良的"诗界革命"和"小说界革命"。其著作合编为《饮冰室合集》。

1884年，12岁的梁启超第二次离开自己的家乡——熊子乡，坐船前往广州参加学院考试。到了广州后，他租了一间公寓，认真读书、学习。考试时，他对答如流，中了秀才。主考官是广东学政叶大焯。他看到学子们的成绩很好，心中十分高兴，特地接见了被录取的学子。接见结束后，学子们一个个都走了，只剩下年少的梁启超没有动。叶大焯感到奇怪，问他为什么不走。梁启超很有礼貌地说："叶大人，学生有件事恳求您帮忙。"

小小的学子，竟敢在三品大员学政面前提出要求，叶大焯先是吃了一惊，然后笑着说："你有什么请求，请说来听听。"他态度和蔼、可亲。

梁启超听后，十分激动，说："学生临来考试时，对祖父许下了诺言。如果我这次考试被录取，就请求主考大人给祖父写一幅诞辰寿言。""你为什么要这样做呢？"主考官想弄清梁启超的想法。梁启超深情地说："我的祖父虽然一生没有中举，但他用毕生的精力辛勤地培养我。我今天能够考上，全亏祖父的培育。今年，祖父刚好七十大寿，作为孙子，我应该感谢他，最好的礼物就是写一条寿言，既肯定他的一生，又表扬他的精神。我想来想去，觉得只有学政大人写的寿言才能满足这两个意思。如果您能写一赠言给他，这将是他最大的安慰和礼物。因此，我冒昧地求大人帮忙。"

叶大绰听了梁启超的话，觉得他是个诚实的孩子，说的是真心话。他被梁启超的忠诚感动了，于是欣然接受了梁启超的请求，挥笔为梁老先生写了寿言。

梁启超回到家乡，他的父母都很高兴，祖父接过寿言，笑得合不拢嘴。

父亲问梁启超是怎么想起让学政大人写寿言的。梁启超说："我临走时，祖父问我，这次考试有没有把握。我说，有把握。如果我考中了，就请主考官大人给您写一条寿言。考试后，我被录取了，我要实现我的诺言。于是，我就如实地将我的想法告诉了学政大人。学政大人听了我的话后，就答应了我的请求！"

祖父说："超儿很诚实，而学政大人喜欢诚实的孩子，于是，学政大人就写下了如此有意义的寿言了。这正是'心诚则灵'嘛！"

■心灵物语

梁启超时时刻刻想着祖父的养育之恩，在学政大人面前实话实说，赢得了学政大人的好感，帮他实现了心愿。梁启超的诚心、孝心是值得我们当代青少年去学习的。

■文苑荟萃

少年中国说（压缩版）

（清）梁启超

日本人之称我中国也，一则曰老大帝国，再则曰老大帝国。是语也，盖袭译欧西人之言也。呜呼！我中国其果老大矣乎？梁启超曰：恶！是

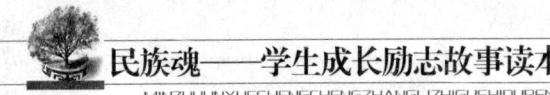
何言！是何言！吾心目中有一少年中国在！

欲言国之老少，请先言人之老少。老年人常思既往，少年人常思将来。惟思既往也，故生留恋心；惟思将来也，故生希望心。惟留恋也，故保守；惟希望也，故进取。惟保守也，故永旧；惟进取也，故日新。惟思既往也，事事皆其所已经者，故惟知照例；惟思将来也，事事皆其所未经者，故常敢破格。老年人常多忧虑，少年人常好行乐。惟多忧也，故灰心；惟行乐也，故盛气。惟灰心也，故怯懦；惟盛气也，故豪壮。惟怯懦也，故苟且；惟豪壮也，故冒险。惟苟且也，故能灭世界；惟冒险也，故能造世界。老年人常厌事，少年人常喜事。惟厌事也，故常觉一切事无可为者；惟好事也，故常觉一切事无不可为者。老年人如夕照，少年人如朝阳。老年人如瘠牛，少年人如乳虎。此老年与少年性格不同之大略也。梁启超曰：人固有之，国亦宜然

造成今日之老大中国者，则中国老朽之冤业也；制出将来之少年中国者，则中国少年之责任也。故今日之责任，不在他人，而全在我少年。少年智则国智，少年富则国富，少年强则国强，少年独立则国独立，少年自由则国自由，少年进步则国进步，少年胜于欧洲，则国胜于欧洲，少年雄于地球，则国雄于地球。红日初升，其道大光；河出伏流，一泻汪洋；潜龙腾渊，鳞爪飞扬；乳虎啸谷，百兽震惶；鹰隼试翼，风尘翕张；奇花初胎，矞矞皇皇；干将发硎，有作其芒；天戴其苍，地履其黄；纵有千古，横有八荒，前途似海，来日方长。美哉，我少年中国，与天不老；壮哉，我中国少年，与国无疆！

瞿秋白襟怀坦白

瞿秋白（1899—1935年），江苏常州人，散文作家，文学评论家。他曾两度担任中国共产党最高领导人，是中国共产党早期主要领导人之一，马克思主义者，无产阶级革命家、理论家和宣传家，中国革命文学事业的重要奠基者之一。1935年2月，在福建长汀县被国民党军逮捕，6月18日慷慨就义，时年36岁。

瞿秋白29岁时，就被选为中共中央政治局负责人。他的文章写得十分漂亮，很有激情。他口才流利，讲话富有激情，不用讲稿，一讲就是两三个小时。他喜欢讲真话，对自己的缺点有自知之明，从不掩盖错误。

在上海时，瞿秋白经常拜访鲁迅先生，一起谈论国家大事，讨论写文章。鲁迅常常称赞瞿秋白文章写得好，表示要向他学习。而瞿秋白则认为自己有很多不足之处，这使鲁迅感到惊讶！

瞿秋白诚实地和鲁迅说："搞农民运动，我不如湖南的毛泽东、广东的彭湃；搞工人运动，我不如广东的苏兆征、邓中夏；搞军事运动，我不如湖南的贺龙、广东的叶挺。他们才是专家，是共产党的栋梁，我只不过是一个书生罢了。"

瞿秋白敢于在人们面前讲自己的不足，让他的一个同学知道了，那个同学对他说："你现在是共产党的负责人了，也不能这样过分谦虚，今后谁还听你的指挥呢？"

瞿秋白听后，对这个同学说："你知道共产党最讲的是什么吗？就是实事求是。我在农运、工运、军事等方面确实是比不上他们呀！如果违背了这一点，说我是一个完人，那反而让大家不信任我了。"

"你能写一手好文章呀。"同学辩解地说。

"会写好文章，不能说我什么都会，这恰恰说明我是一个书生，还有书生气……"瞿秋白严厉地解剖自己。

在一次报告会上，瞿秋白给学员讲完课，走下来时，学员们围住他，都说他讲马克思主义清楚明白透彻。这时，有一个友人也笑嘻嘻地走到他面前，说："你在上面讲，我在台下听，你讲的报告很好。我觉得你在宣传马列主义方面，还是很有权威的。"

瞿秋白停住脚步，看了友人一眼，又看了看大家，想了想说："说到宣传马列主义，我比李大钊、陈独秀等差远了。早在五四时期，他们就大声疾呼地宣传改造中国，必须采取马列主义，必须走社会主义道路，必须搞无产阶级专政。而我当时还没有真正接受马列主义呢！"说完，头也不回地朝前走去。

■心灵物语

瞿秋白不说假话，敢于在别人面前剖析自己，表现了一个共产党员襟怀坦白、忠诚老实的高贵品质，堪称实践党的实事求是思想路线的早期楷模。

■史海钩沉

瞿秋白与鲁迅的交往

瞿秋白与鲁迅之间有着很深的交情。战争时期，瞿秋白曾到鲁迅家中避难，鲁迅将瞿秋白看作是自己的知己，曾写过"人生得一知己足矣，斯世当以同怀视之"一联赠予瞿秋白。而瞿秋白也写过《〈鲁迅杂感选集〉序言》，对鲁迅的杂文创作作了中肯的评价。

瞿秋白被捕后，鲁迅曾多方托人营救，但未能如愿。瞿秋白被杀害后，鲁迅叹息良久，说过："瞿若不死，译这种书（指《死魂灵》）是极相宜的，即此一端，即是判杀人者为罪大恶极。"他带病编校了瞿秋白的遗著《海上述林》。

■文苑荟萃

江南第一燕

（近代）瞿秋白

万郊怒绿斗寒潮，检点新泥筑旧巢。

我是江南第一燕，为衔春色上云梢。

红梅阁

（近代）瞿秋白

出其东门外，相将访红梅。

春意枝头闹，雪花满树开。

道人煨古拙，烟湿舞徘徊。

此中有至境，一一入寒杯。

坐久不觉晚，瘦鹤竹边回。

王稼祥实事求是

> 王稼祥（1906—1974年），安徽泾县厚岸村人。原名嘉祥，又名稼啬，伟大的马克思主义者，杰出的无产阶级革命家，中国共产党和中国人民解放军的卓越领导人，中国共产党和新中国对外工作的开拓者之一。

　　1937年初，斯大林和共产国际执行委员会总书记季米特洛夫在莫斯科接见了四名中国客人，其中有红军总政治部主任王稼祥同志，王明也参加了。王稼祥是在苏区反"围剿"时腹部负重伤，长征到陕北后身体虚弱，中央决定让他到苏联医治休养来的。

　　接见时，斯大林先朝王稼祥看了一眼，第一句话就亲切地问："你是从中国来莫斯科的王稼祥同志吗？"

　　王稼祥尊敬地点头回答说："是。"

　　斯大林又问："共产党与国民党蒋介石斗争了十几年，经过长征到了陕北根据地，这是件可喜的历史事件。现在有多少军队？"

　　王稼祥认真地回答说："在毛泽东同志的领导下，红军遭到严重创伤后仍然坚持到了陕北，现在仅剩下3万多人了。"

　　当斯大林听后沉思的时候，王明插嘴说："还有30多万人。"

　　王稼祥听了，心中很生气。他十分清楚，正是王明的"左"倾冒险主义，给中国革命造成了巨大损失，使红军从30多万人减少到3万多人。王明的回答不仅是弄虚作假，而且是为自己的错误开脱罪责。于是，他当即毫不客气地纠正说："斯大林同志，是3万多，不是30多万！"

斯大林发现他俩的回答不一样，当然他是相信王稼祥的回答，于是对大家说了下面一段话："我们共产党人，应该重视的是战士，是真正的战士，首先需要的是能打仗的勇敢的战士，而不是吃粮食的人。"斯大林的话，对王稼祥是个教育和鼓舞，对王明却是一个委婉的批评。

■心灵物语

王稼祥在斯大林面前坦诚的回答得到了斯大林的肯定，说明诚实是没有国界的，谁都喜欢诚实的人。王稼祥作为一名共产主义战士，所具备的诚实、勇敢的品质永远值得我们学习。

■史海钩沉

关键的一票

1935年1月15日至17日，中共中央政治局在贵州遵义召开了解决中国革命问题的一次极其重要的扩大会议，这就是"遵义会议"。

遵义会议一开始，就出现了两种观点的激烈交锋：一种观点博古在会上作了关于第五次反"围剿"的总结报告，片面强调失败的原因是客观上敌人力量强大，我们"不可能粉碎这次'围剿'"；另一种观点则是毛泽东用第一、二、三、四次反"围剿"胜利的事实，批驳了以敌强我弱的客观因素为第五次反"围剿"失败辩护的观点。

在这关键时刻，王稼祥紧接着发言。他旗帜鲜明地支持毛泽东的观点，严厉地批判了李德和博古的军事指挥失误。王稼祥还以军委副主席的身份，从仲裁的角度驳斥了"左"倾领导人试图推卸责任的辩护之辞，使正确意见以绝对优势占了上风，压倒了"左"倾者一贯狂妄自大的气焰。

会议最后改组了中央领导机构的结果，也体现了王稼祥所倡议的两项内容：一是撤销李德中央军事顾问的职权，取消了李德和博古的最高军事指挥权；二是在党中央领导机构中，毛泽东进入了中央政治局并任常委。

■文苑荟萃

王稼祥纪念园

王稼祥纪念园坐落在安徽省芜湖市十一中校园内一座风景秀丽的狮子山上，西临长江，东望赭山。

纪念园始建于 1986 年，占地面积达 6000 余平方米。纪念园由王稼祥铜像、纪念碑、事迹陈列室、藏书室等部分组成，其中王稼祥事迹陈列室分为五个展厅，详细地介绍了王稼祥同志在中国革命各个历史时期的重大贡献和丰功伟绩。

纪念园还收集并陈列了王稼祥的信件和文章等 96 件，照片 189 帧，珍贵遗物 43 件，书籍 1000 余册和"吉姆"轿车一辆。

陈庭元为民不顾"乌纱帽"

> 陈庭元（1925—2007年），1946年1月，加入中国共产党，同时参加革命工作。1994年6月，离职休养。陈庭元同志是中国共产党第十二次全国代表大会代表，第六届全国人大代表，中共安徽省第四次、第五次代表大会代表，安徽省第三届、第六届、第七届人民代表大会代表，安徽省第六届、第七届人民代表大会常务委员会副主任。在40多年的革命生涯中，陈庭元同志在不同的岗位上辛勤忘我地工作，为革命、建设、改革和发展作出了卓越贡献。

　　1979年春节的一天，上任一年多的安徽省凤阳县县委书记陈庭元，又来到以往全县最穷的梨园公社小岗生产队检查工作，可映入眼帘的竟是一幅令他目瞪口呆的景象：田间一垄垄麦苗、油菜、花生秧，在融化的春雪的滋润下，一片翠绿，充满了勃勃的生机；村里所有的劳动力，几乎都在地里埋头干活，没有一个闲聊、打闹的。是什么魔法使小岗生产队突然变了样？

　　陈庭元忙向正在地里干活的群众打听："大嫂，今年小岗生产队的农作物咋长得这么好啊？"

　　以往见了县委书记都是有说有笑的群众，这次听了他的问话，竟支支吾吾，不愿回答。陈庭元觉得这里面一定大有文章，便立刻去找小岗生产队的队长严宏昌。严宏昌明白县委书记的来意，知道隐瞒也没有用，就直截了当地说："这都是'包干到户'的结果，估计一季收成就

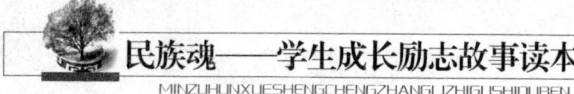

能超过全队两年的总产量。您一定得支持我们呀！"

这时，在地里干活的群众也都围了上来，纷纷向陈庭元要求着："这都是大伙的主意，您可不能处分队长啊！""您一定得支持我们啊！"

看着群众们一双双期待的眼睛，听着他们一声声满怀希望的话语，陈庭元心里像开了锅："前一段时间，自己在马湖公社搞'联产到组'的试点，许多人就说这是'复辟''倒退'；现在小岗生产队，又要自己表态支持他们搞'包干到户'，这可是在中国大地上破天荒的大事，弄不好就要丢官丢职，风险太大了。然而，自己是个共产党员，又是全县53万百姓的'父母官'，使群众过上好日子，不就是我的使命吗？"

想到这，陈庭元那股历次运动都整不掉的"冲"劲儿又上来了，他异常坚定地对严宏昌说："只要能增产，我先批准你干它三年，最后让事实来说话。错了，担子我担，砍头我去！"

"那公社扣我们的种子和化肥怎么办？"严宏昌又问陈庭元。

"全部给你们，只要我没被撤职，他们还是会听我的。"陈庭元十分肯定地说。

陈庭元支持"包干到户"的消息，立刻在凤阳县内外引起了强烈的反响：一家大报头版头条发表"读者来信"，批评这种"大包干"的做法；中央某部门的一位领导看到"内参"反映的情况后，也托人带信要与陈庭元当面辩论；而全县的各级干部更是议论纷纷，各执己见。

为了统一思想，在凤阳县全面推行"包干到户"，陈庭元组织召开了一次全县三级干部的辩论大会。会议刚一开始，就有一个队的干部流着眼泪说："毛主席搞了几十年，我们不能一夜之间就把地全部分掉。"

这个干部的话音刚落，另有一位干部站起来发表反对意见："我们不能总抱着过去的东西不放，搞'包干到户'，农民高兴，省委书记不是也支持吗？"

"可是中央又没有发文件？"

"我们搞改革，最重要的是要看实践。"

两种意见针锋相对，互不相让。这时，陈庭元站起来说："刚才那位干部的话是正确的，实践才是检验真理的唯一标准。大家可以想一想，两年前的凤阳县，那是全国出了名的'十年倒有九年荒'的'讨饭县'。后来，我们在全县推广了马湖公社的'联产到组'的试点经验，全县逐渐富起来。如今，小岗生产队又搞起了'包干到户'，今年的收成将比马湖公社还强好多，这不都是大家有目共睹的吗？"

最后，陈庭元说："不论哪种形式，搞了就搞了，不能再翻烧饼，三翻两不翻的，就要熠了。还是那句老话，只要地里能多打粮食，砍头我去！"

这次辩论会之后，在陈庭元的坚持倡导下，凤阳县第一个在全县范围内推行了农业生产"包干到户"的责任制。几年之后，该县的粮食产量就翻了几倍，成了丰衣足食的安乐乡。而他们的改革经验，也有力地影响和推动了全国农村的经济体制改革。

■心灵物语

陈庭元不顾自己的"乌纱帽"，冒天下之大不韪去推行"包干到户"，为劳苦大众谋求福祉。从他身上，我们看到了一个正直、诚实、爱民的好干部形象。

■史海钩沉

家庭联产承包责任制

1982年1月1日，中共中央批转了《全国农村工作会议纪要》，指出目前农村实行的各种责任制，包括小段包工定额计酬，专业承包联产计酬，联产到劳，包产到户、到组，包干到户、到组，等等，都是社会主义集体经济的生产责任制。1983年，中央下发文件，指出联产承包制是在党的领导下我国农民的伟大创造，是马克思主义农业合作化理论在我国实践中的新发展。1991年11月25日至29日，中共十三届八中全会举行，通过了《中共中央关于进一步加强农业和农村工作的决定》。

《决定》提出，把以家庭联产承包为主的责任制、统分结合的双层经营体制作为我国乡村集体经济组织的一项基本制度长期稳定下来，并不断充实完善。

家庭联产承包责任制作为农村经济体制改革的第一步，突破了"一大二公""大锅饭"的旧体制。而且随着承包制的推行，个人付出与收入挂钩，这也使得农民的生产积极性大大提高，解放了农村生产力。

■文苑荟萃

中都文化

在历史上，安徽凤阳向来有"帝王之乡""明皇故里"的美称。建国后，凤阳又成为中国农村改革"大包干"的发源地，是"改革之乡"。

凤阳的古今故事众说纷纭，历史文化底蕴厚重。在明太祖朱元璋登基的第二年，就在凤阳营造了中国第一都城——"大明中都皇城"，成为后来南京、北京故宫的蓝本。目前，遗留的明中都皇故城、皇陵、鼓楼、龙兴寺等大量遗址、遗迹都已被列为国家和省级重点文物保护单位。

凤阳的民间文化也深受人们的喜爱。具有"东方芭蕾"称誉的"凤阳花鼓"，1955 年应邀赴北京为国家领导人汇报演出并获奖，现如今已成为电视、文艺演出节目中的亮点。"凤画"工艺独特，色彩丰富，寓意深刻，不仅是上乘的民间文化艺术作品，更是馈赠亲朋好友的珍贵礼品。

——

第三篇
诚实有德

孔子坦诚自不知

孔丘（公元前551—前479年），字仲尼，排行老二，汉族人，春秋时期鲁国人。孔子是我国古代伟大的思想家和教育家，儒家学派创始人，世界最著名的文化名人之一。他编撰了我国第一部编年体史书《春秋》。据有关记载，孔子出生在鲁国陬邑昌平乡（今山东省曲阜市东南的南辛镇鲁源村）；孔子逝世时，享年73岁，葬于曲阜城北泗水之上，即今日孔林所在地。孔子的言行思想主要载于语录体散文集《论语》及先秦和秦汉保存下的《史记·孔子世家》。

孔子博学多才，他常常带着弟子周游各国讲学。

一个炎热的夏天，孔子带着弟子子路乘坐一辆马车，前往齐国讲学。马车过了几座桥，拐过了几道弯，停在了三岔路口的大槐树下。树下有一村翁在卖茶水。他看到马车停下来，就招呼他们喝茶。

孔子下了车，走到村翁面前，很有礼貌地打听去齐国的路。村翁认出了孔子，拿起大碗茶递给孔子和子路，说："先生的名言'三人行必有我师'说得对极了。世上的学问，一个人不能都了解，要了解它，就必须学习，不耻下问。"孔子说："是的，就拿种地来说，我不如农夫；盖房，我不如泥瓦匠；做家具，我不如木工。"

孔子不但教育学生树立诚实的学习态度，他自己也是这样做的。

有一回，孔子到齐国去，路上看见两个小孩正在辩论问题。这两个孩子各自坐在一块石头上，就像真正的学者一样，认真地争论着什么。

孔子看了，觉得挺有趣，就对跟在身后的子路说："咱们走了大半天，也该休息一下了。过去听听孩子们在辩论什么，好不好？"

子路撇了撇嘴说："两个黄毛小子能说出什么正经话来？"

"掌握知识可不分年龄大小。有时候，小孩子讲出的道理，比那些愚蠢自负的成年人要强得多呢！"

子路听出孔子话里有话，脸红了一下，不敢再说什么，只好别别扭扭地跟着孔子走了过去。

来到树下，孔子站在一边，认真地听了一会儿。他看两个孩子各不相让，争得面红耳赤，就问："你们在争些什么呀？"

两个孩子瞥了孔子一眼，没顾上理睬他，仍然争论他们的问题。

子路在一边生气了，他喝道："你们这两个毛孩子，真没有礼貌！孔老夫子问话，你们怎么瞅都不瞅？"

孔子止住子路，和蔼地说："我叫孔丘，是鲁国人，看见你们争辩得这么热烈，也想参与进来，你们看可不可以呀？"

其中一个孩子站起来说："噢，原来你就是那个孔夫子呀，听说你很有学问。好吧，就请你来给我们评一评，看谁说得对。"

另一个孩子也跳起来说："对，让他来评评，肯定是我说得对！"

孔子笑着说："你们别着急，一个一个讲。"

先前那个孩子说："我们在争论太阳什么时候离我们最近。我说是早上近，他说是中午近。你说说是谁对呢？"

孔子认真地想了一会儿说："这个问题我过去没有考虑过，不敢随便乱说。子路，你能回答吗？"

子路在老师面前不敢信口开河，只好也老实地摇了摇头。

孔子转过脸来对两个孩子说："还是先请你们把各自的理由讲一讲吧。"

第二个孩子抢着说："我先说，早上的太阳凉飕飕的，一点儿也不热；可是中午的太阳像开水一样烫人，这不就说明早上太阳远，中午太阳近吗？"

第一个孩子接过来说："他说得不对，你看，早上的太阳又大又圆，

就像车顶上的棚盖那么大；可到了中午，太阳就变小了，顶多也不过一个菜盘那么大。谁都知道：近的东西大，远的东西小。所以，当然是早上的太阳离我们更近了。"

说完，两个孩子一齐看着孔子，说道："好了，现在我们的理由都讲过了，你来评评谁对吧。"

这下子可把孔子难住了，他反复想了半天，还是觉得两个孩子各自都有道理，实在分不清谁对谁错。于是他老老实实地承认："这个问题我回答不了，以后我向更有学问的人请教一下，再来回答你们吧。"

两个孩子听后哈哈大笑起来："人家都说孔夫子是个圣人，原来你也有回答不了的问题呀！"说完就转身跑去玩耍了。

子路望着他们的背影，不服气地说："您真应该教训他们一顿！两个小毛孩子，您随便讲点什么，就能把他们镇住。"

孔子说："不，如果不是老老实实地承认自己不懂，我们怎么能听到这样有趣的道理呢？在学习上，我们知道的就说知道，不知道的就说不知道。只有抱着这种诚实的态度，才能学到真正的知识。这一点，你什么时候都不能忘记。"

▉心灵物语

孔子作为儒家圣贤，学问非常广博。但他对自己没有搞懂的事情，不文过饰非，而是非常谦虚地承认自己不懂，这是十分可贵的！

▉史海钩沉

孔子周游列国

春秋后期，鲁定公十三年（公元前497年），孔子在自己的父母国——鲁国负责司法的大司寇任上，与鲁国的执政季桓子严重对立，干不下去了，只得带着数十个弟子离开了鲁国，开始周游列国，希望能说服所到国的诸侯，让他入仕，推行他的"仁政德治"的政治纲领。

□文苑荟萃

牛耕的出现

我国是什么时候开始出现用牛耕地的呢？有的说出现于两汉中叶，有的说是在春秋战国时期出现的，还有的说早在商朝就开始了，说法不一。

在人类历史上，牛被驯养为家畜是很早的事了。最初，人们是为了食用牛，后来为了敬祖祭神，也把牛当作祭祀的牺牲，再后来就是用来驾车。用于耕地在世界耕作史上是较晚的事，而中国的牛耕较外国要更晚一些。

主张用牛耕地始于西汉中叶的人们，主要是根据我国古代著名农学家贾思勰《齐民要术》中的"赵过始为牛耕"说。《汉书·食货志》中记载西汉武帝时，搜粟都尉赵过在陕、甘一带推广牛耕和"以人挽犁"，提倡"代田法"，进而各郡"遣令长、三老、力田及父老善田者受田器，学耕种养苗状"。这便是我国史籍明确记载的第一次大规模推广的牛耕技术。

东汉时期，王景、任延继续在庐江郡、九真郡推广牛耕技术，因而《后汉书·五行志》开始有"牛疫"的记载。这表明，西汉中叶以后的一段时间，由北到南已广泛地使用牛耕。江苏徐州、山东滕县、陕西绥德出土的汉代牛耕画像石，更是生动而真实的记录。

司马迁写史信为先

司马迁（公元前145—? ），字子长。西汉夏阳（今陕西韩城，一说山西河津）人，我国西汉伟大的史学家、思想家、文学家，著有《史记》，又称《太史公记》，他记载了上自中国上古传说中的黄帝时代，下至汉武帝太初四年（公元前101年），共3000多年的历史。

司马迁10岁时，跟随当太史令的父亲司马谈到京都长安，开始诵读古文。20岁开始漫游，几乎走遍全国各地，考查了一些名山大川、历史古迹，访问了一些逸闻旧事，收集了丰富的史料，广泛地了解了当时的社会生活，丰富了文化素养和生活经验。在他38岁时，继承父业，被任为太史令，得以尽读史官所藏图书、秘籍、档案及各种史料。42岁时，开始撰写《史记》。47岁时，李陵深入匈奴，因众寡悬殊，后继无援，兵败被俘，便投降匈奴。他为李陵辩护，说了几句直言，触怒了汉武帝，被捕入狱，第二年被处以宫刑。

为了完成自己的著述，他忍受了别人无法忍受的奇耻大辱。两年后出狱，被任为本来由宦官充当的中书令，他更加发愤著书。55岁时，终于完成了《史记》这部划时代的巨著。

司马迁写《史记》，至今还流传着这样一个故事。

有一天，一个朋友前来探望司马迁，两人寒暄了几句后，他便又伏案书写，手不停挥。朋友就拿起司马迁写好放在一旁的书稿，读了起来……

那位朋友读到《李广列传》，见司马迁在传记里描写李广退敌、脱险、射虎，件件写得神采飞扬，惟妙惟肖，字里行间充满了敬佩之情。

朋友读完后说："你那么爱戴李广，为什么还写这个呢？"司马迁停住笔，凑过来一看，原来朋友是指他在文中写了李广公报私仇等缺点，司马迁还没来得及回答，朋友又开口了，他说："这样写将军的缺点，流传后世，岂不有损将军的形象吗？"

"我写的是历史，信是第一条，怎能以个人爱憎去歪曲历史真相呢？"司马迁反问道。

"啊，原来如此！"朋友明白了。果然，司马迁同情项羽，却也详细地写出了项羽必然失败的命运；司马迁厌恶刘邦，但也写出了他必然成功的原因。朋友点点头，望着正在写作的司马迁，暗暗称赞："他真是一个诚实的人啊！"

■心灵物语

司马迁能成为一代史学大家，正是靠着他在治学上的诚实严谨，才成就了《史记》这部鸿篇巨制。司马迁在创作过程中历尽了千辛万苦，但他不气馁、不阿谀，终于留给了后人这部真实可信、言辞凿凿的巨著！

■史海钩沉

汉景帝驾崩

汉景帝后元三年（公元前141年）正月，景帝刘启患病。而且病势日益加重，景帝自知不行了，便在临终前对太子刘彻说："人不患其不知，患其为诈也；不患其不勇，患其为暴也。"意思是说，做人不但要知人、知己，还要知机、知止。景帝似乎已经感觉到太子刘彻有许多异于自己的品质，

因而把天下交给他是放心的，路还是让他自己走吧，多嘱咐也无益。

不久，汉景帝病死在长安未央宫，享年48岁，葬于阳陵（在今陕西省咸阳市渭城区正阳乡张家湾村北），谥号"孝景"皇帝，"景"为布行刚义的意思。太子刘彻随后即皇帝位，这就是历史著名的汉武帝。

■文苑荟萃

《史记》

《史记》是我国西汉著名史学家司马迁撰写的一部纪传体史书，是中国历史上第一部纪传体通史，被列为"二十四史"之首。

《史记》原名为《太史公记》，是中国古代最著名的古典典籍之一，记载了上自上古传说中的黄帝时代，下至汉武帝元狩元年间共3000多年的历史。与后来的《汉书》《后汉书》《三国志》合称为"前四史"。

《史记》对后世的史学和文学发展都产生了深远的影响。郑樵称："六经之后，唯有此作。"鲁迅则称誉《史记》为"史家之绝唱，无韵之离骚"。赵翼在其《廿二史札记》中说："司马迁参酌古今，发凡起例，创为全史，本纪以序帝王，世家以记侯国，十表以系时事，八书以详制度，列传以志人物，然后一代君臣政事，贤否得失，总汇于一编之中。自此例一定，历代作史者，遂不能出其范围，信史家之极则也。"

谢弘微不贪财

> 谢弘微（392—433年），陈郡阳夏人也。祖韶，车骑司马。父思，武昌太守。从叔峻，司空琰第二子也，无后，以弘微为嗣。弘微本名密，犯所继内讳，故以字行。

　　谢弘微是东晋时期孝武帝女婿谢混的侄儿。他一生中不移志、不贪财，受到人们的称赞。

　　东晋末年，谢混因参与反对刘裕的活动而被迫自杀。为此，孝武帝命令其女儿晋陵公主回宫中居住，并让其女儿与谢家断绝婚姻关系。公主在离开谢家时，决定将全部家产委托给谢混的侄儿谢弘微管理。

　　谢弘微一下子接受了一笔万贯家财，光是家中的奴仆就有几百人。对此，人们议论纷纷，都说谢弘微从此交了财运，有了这笔财产，几辈子也够吃够用了。

　　谢弘微却没这么想。在他接管了这笔财产后，并没有据为己有。他精心地管理着这笔家产，自己在生活上仍然如同以往一样节俭。平日里，从不乱花人家一分钱，即使用了一分钱、一尺布，也都一一记在账上。

　　后来，刘裕当了皇帝，晋陵公主降为东乡君，只得离开皇宫，重新回到谢家。这时，谢弘微捧出几年来的账目，请婶婶一一清点过目。婶婶看到家里管理得井井有条，账目又一清二楚，感动得泪流满面。她提

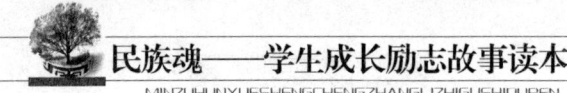
出要把一部分财产分给侄儿，但谢弘微坚持分文不收，婶婶从心底里感叹他真是个不移志、不贪财的好侄儿。

不久，婶婶病逝。乡里人认为，谢混没有儿子，两个女儿都已出嫁，她们尽可以把能搬动的东西拿走，而如住宅、田园等多少应留一些给谢弘微了。哪知，谢弘微仍然不要任何财产，反用自己的钱安葬了婶婶。

谢混的大女婿殷睿是个有名的赌徒。他听说谢弘微不争财产，便将谢混家剩下的全部家产还了赌债。对此，谢混的两个女儿因受到谢弘微行为的影响，并未计较。然而，乡里的一些正直的人对此有些气不过，有的还故意讽刺谢弘微说："你倒捞了个廉洁的好名声，可谢混家的财产全都扔进赌场了，你替别人管的什么家呀？"

谢弘微听了并不介意，只是解释说："以前人家托我管家，我管住了，以后这个家是她们姐妹的。她们都不介意，我怎么能唆使她俩互相去争呢？再说，在亲戚之间争夺财产是最无聊、最不道德的事。金银财产固然重要，但人的志向、品德更重要啊！"

谢弘微就是这样用自己的言和行表现出了他视"金钱如粪土，仁义值千金"的高贵品格。

▉心灵物语

"金钱如粪土，仁义值千金"，做人、做事就要像谢弘微那样坦诚相待、无愧于心啊！

▉史海钩沉

孙恩起义

东晋末年，士族豪门凭借特权，过着贪婪腐朽的生活，不断加重对人民的压迫和剥削，而浙东地区的赋役更是日益苛重。新安太守五斗米道教主孙泰，企图利用传道聚众反抗东晋朝廷，被司马道子诱杀。其侄孙恩逃到海岛翁州（今浙江舟山群岛），聚众百余人，伺机复仇。

东晋隆安三年（399年）十月，孙恩从会稽（今浙江绍兴）起兵反晋，东南八郡纷起响应，朝野震惊。

晋廷闻讯，连忙派谢琰、刘牢之前往镇压。当时，谢琰是陈郡著名的谢氏家族中的人物，刘牢之则为淝水战役中大破前秦苻坚的北府名将。后来，刘裕转入刘牢之的麾下，当了一名参军。在转战三吴的几年中，刘裕屡充先锋，每战挫敌，其军事才略也得到了初步显露。他不仅作战勇猛，披坚执锐，冲锋陷阵，而且指挥有方，富有智谋，善于以少胜多。当时诸将纵兵暴掠，涂炭百姓，唯有刘裕能治军整肃，法纪严明。因讨乱有功，刘裕被晋廷封为建武将军，领下邳太守。他率水军继续追讨孙恩，最终迫使孙恩投海而死。

孙恩领导的浙东农民起义持续了12年，转战东南沿海各地，沉重地打击了东晋的腐朽统治，加速了它的灭亡步伐。

□文苑荟萃

咏史下·刘裕

（宋）陈　普

长安何但遗黍舞，翁仲铜驼亦笑开。

他日佛狸南下路，青泥千尺髑髅台。

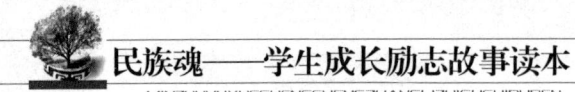
孙待封宁死不诬陷人

> 崔圆（705—768年），唐代青州益都人，为崔亮的八世孙。崔圆年少时家境贫寒，志向远大，好读兵书，有经国济世之才。后来，虽然相继任检校尚书右仆射、左仆射、入知省事等官职，但并未被重用。64岁去世，赠官太子太师，谥"昭襄"。

唐朝上元二年，江淮都统崔圆任命李藏用为楚州刺史。因为刘展叛乱，江淮各州的库藏物资没有准数，支度租庸使奏请朝廷批准加以核查。

当初为了平定叛乱，仓促招募兵马，很多物资已经散落遗失，现在核对出的不足之数，各将领只好变卖自己家产来补偿。李藏用唯恐牵连到自己，曾对别人说过一些怨恨不满的话。牙将高干对李藏用怀有旧怨，于是乘机派人到广陵，向都统诬告李藏用谋反，并先起兵进行袭击。李藏用逃跑后，高干追上并杀了他。

后来都统崔圆逐一询问李藏用手下的将领、属吏，求证他谋反之事，这些将吏极其畏惧。唯独部将孙待封坚持说李藏用没有谋反之意，崔圆下令要杀掉他。这时有人对孙待封说："你为什么不跟着大家说，这样就可以活命！"

孙待封回答："我开始是刘展的部将，奉朝廷命令去赴任，别人说我也要跟着谋反，后来是李藏用起兵剿灭了刘展，现在又说李藏用谋反。如果这样，还有谁是不谋反的？难道这还有头吗？我宁可马上去死，也不能用根本没有的罪名去诬陷别人！"于是孙待封引颈就刑。

□心灵物语

宁死也不去诬陷别人，这种不趋炎附势，始终尊重事实、坚持自己原则的精神，是我们所崇尚和效仿的。

□史海钩沉

文成公主入藏

7世纪初，吐蕃国的松赞干布统一了西藏高原。由于松赞干布羡慕唐朝的文化，便派遣使者到长安，向唐太宗提出和亲的请求。唐太宗答应了和亲的请求，命令文成公主下嫁松赞干布。文成公主奉命后，欣然前往，和松赞干布结为夫妻。

文成公主入藏后，唐朝和吐蕃之间的友好关系得到了发展，两国的文化交流也得到了加强。文成公主从唐朝带去了一些药物、工业技术等，吐蕃又派贵族子弟到长安留学。这充分说明了西藏自古就与中原王朝保持密切联系。

□文苑荟萃

唐三彩

唐三彩是一种铅釉陶器。它是先以白色的黏土作成陶胚，放在窑内素烧。陶胚烧成后，再上釉进行釉烧。彩釉多是白、黄、绿、褐、蓝等颜色。

经过化学分析，彩釉的主要成分是矽酸铅，是用铅和石英配制而成的，透明无色。在制作时，需要先在白地的陶胎上涂一层无色釉，然后再涂上各种金属氧化物作为呈色剂，进行釉烧。工匠们可以配出浅黄、翠绿、天蓝等色彩。

由于铅釉高温流动的性质，在烧时会往下流淌，呈现出从浓到淡的层次，融合绚丽，斑驳淋漓，这便成了闻名于世的唐三彩。唐三彩也表明我国古代工匠们对化学原料特性的认识、对火焰温度高低的控制已达到了很高的水平。

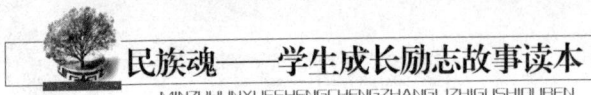

 # 吴兢诚实写史

> 吴兢（670—749年），汴州浚仪（今河南开封）人。武周时入史馆，修国史，迁右拾遗、内供奉。唐中宗时，改右补阙，累迁起居郎，水部郎中。唐玄宗时，为谏议大夫，修文馆学士，卫尉少卿兼修国史，太子左庶子，也曾任台、洪、饶、蕲等州刺史，加银青光禄大夫，迁相州，封长垣县子。后改邺郡太守，回京又任恒王傅。与同时代其他官员相比，吴兢的仕途还是较为顺畅的，没有什么大起大落。

武则天时，吴兢进入史馆，负责编纂国史。他认真负责，一丝不苟，忠于史实，不畏权势。

唐中宗时，吴兢和史学家刘知几合作，撰写了《则天皇后实录》。有一件事情是这样的。

武则天晚年有两个宠臣，一个叫张宗昌，一个叫张易之，"二张"依仗武则天的宠爱，横行霸道。宰相魏元忠建议武则天不该留"二张"在身边。"二张"知道后，对魏元忠恨之入骨，又怕武则天死后，魏元忠会对他俩下手，就密谋诬陷魏元忠有谋反之意。武则天听信了谗言，将魏元忠逮捕入狱。张宗昌又暗中诱逼凤阁舍人张说出堂作证，说事成后，提拔他。张说只得答应了。同僚宋璟对张说说："名义至重，鬼神难欺；万万不能伙同小人陷害忠良啊！"在同僚的启发下，张说在朝堂上言道："臣确实没听魏元忠有此言，是张昌宗逼我作证的。"魏元忠才得以免死。

吴兢对这件事直言不讳，如实做了记载。

张说担任了宰相，兼管国史。看到上述那段史实的记载，感到很难堪，认为有损自己形象，就动了改史的念头。

一天，张说去国史馆翻阅国史，假装说："刘知几这人太不随和了，故意让我难堪！"实际他明明知道那是吴兢写的。吴兢听了，立刻站了起来，说："是我写的，史稿尚在，你不能错怪死去的刘知几！"史官们惊得变了脸色，吴兢毫不畏惧，仍坚持如实记载。

张说又暗地里去求吴兢，做几个字的更改，还说："一定知恩图报！"又软言乞求了好一段时间。吴兢终未答应，说："假如答应了您的请求，那么这部书就算不得史实了；不算作史实，又怎么能让后人相信呢？希望您能够谅解我。"

心灵物语

在封建社会里，做一名正直的官吏是需要有一定勇气的。历代王朝，无论是皇上还是官僚们，都愿意听好话，不愿意听到对自己的批评指责，因此也给史官们带来了不小的麻烦。很多史官为了迎合上级而极尽阿谀奉承，但吴兢不畏权势，尊重史实。他秉笔直书，这种精神永远值得后人称颂。

史海钩沉

吴兢进谏

唐代在魏元忠、朱敬则双双为相的长安年间（701—704年），吴兢被举荐为"有史才"，"因令直史馆，修国史"，从此，吴兢步入了仕途。

吴兢为史臣，敢于犯颜直谏。在保存至今的吴兢的几篇奏表中，都有

反映他的事迹,如《上中宗皇帝疏》,就对当时政治局势产生了较大的影响。

武则天去世后,唐中宗李显无力驾驭全局,武三思、韦后、安乐公主等人都在觊觎着最高权力,因而阴谋之事也是连接不断。一时朝中人人自危,气氛紧张。但是吴兢不计个人安危,毅然上表中宗,直率地指出把相王李旦说成太子李重俊的同谋是一场阴谋。他劝中宗,要珍惜与相王"亲莫加焉"的兄弟之情,"若信任邪佞,委之于法,必伤陛下之恩,失天下之望"。吴兢分析说,如果相王被诬治,那么中宗本人也将陷入孤立无援之境地。由于吴兢的奏表颇有影响力,加上御史中丞萧至忠的进谏,终于使相王平安无事。数年后,相王李旦继位,是为唐睿宗。

■文苑荟萃

《贞观政要》

《贞观政要》是一部政论性的史书。这部书以记言为主,所记录的基本上都是贞观年间唐太宗李世民与臣下魏征、王珪、房玄龄、杜如晦等人关于施政问题的对话,以及一些大臣的谏议和劝谏奏疏等。此外,他还记载了一些政治、经济上的重大措施。

李约守信不贪财

李约（生卒年不详），字存博，汧公勉之子，自号"萧斋"，官至兵部员外郎。其诗语言朴实，感情沉郁。诗10首，皆是不错的作品，其中尤以《观祈雨》为最好。该诗将久旱（以致"桑条无叶土生烟"）祈雨的情景与朱门的处处歌舞升平相对举，深刻揭露出统治阶级不顾劳动人民疾苦、终年贪图享乐、醉生梦死的社会现实，让人印象深刻。

唐代，朝廷的兵部有一位员外郎，名字叫李约。一次，李约坐船外出，傍晚，船就泊在江边，他的旁边停泊着一只较大的船。

李约坐在船舱中，隐约听得水手在同什么人交谈时提到自己的名字，他就出舱走上船头。

"这位就是李大人。"水手向一个人介绍。

"拜见李大人。"那人行礼，指着旁边的大船说："我们主人想请李大人过船相见。"

素昧平生，见我会有什么事呢？李约边想着，边跟那人上了那只大船。船上人赶紧把李约让进前舱。

进得前舱，李约见一人卧在榻上，气息微弱的样子，显然是重病在身。病人费力地请李约坐下。

交谈了几句，李约知道了这病人是来自西北的少数民族商人，这次是带着两个女儿到内地经商的。谈到女儿，商人又将女儿从后舱招呼出

来拜见李约。李约一见，两个女孩年岁都不是很大，堪称绝色。

"这次经商很顺利，获利特别大。谁料想，我忽然得了重病。药用得不少，就是不见一丝功效。我将不久于人世了，就是这巨额的资财和这两个女儿，实在让我闭不上眼睛，真是放心不下啊！"商人连连叹气。

"怎么不想法通知亲属呢？"李约问。

"我的亲属远在万里之外，山高路远，来不及了。我想把资财和女儿托付于他人。"

"嗯。想来已经有了托付之人？"

"轻易托付，巨额资财难保不被侵吞。两个女儿未谙世事，谁知……"李约点头叹息。

"今天，听说李大人的船就泊在这里，这也是我命中幸运。我就想将这些俗务托付给李大人……"商人说着，拉住李约的袖子。

李约说："两个未谙世事的女儿，巨额的资财，怎能托给一个素不相识、萍水相逢的人？"

商人说："我早就听说过李大人的为人了，只是没缘分同李大人相见相识。"

商人恳求再三，李约说："别人托办事情，能办到才能应承的，一旦承诺就必须办到。不知你要我办什么？"

"这些资财，请暂时代为保管。"

"这可以办到，我绝不动一丝一厘。"

"两个女儿，烦大人为她们寻得合适的夫婿，免得……"商人气喘得紧。

"这也可以，我绝不存图利的念头。""还有……"商人说到这里，摆手让别人走开。舱中只有李约一人在旁边时，他也不说什么，只是费力地从怀中掏出一个绒布小包，打开后，露出一颗闪闪发亮的夜明宝珠。商人这才说："这颗宝珠……"说了半句就停住了，有点儿难以启齿的样子。

"有事只管直言，能办我就应承，说办我一定办到。"李约说。

"想请大人把它放到我的口中，勿使任何人知道……"

很快，商人就死了。

商人的资财，李约碰也没碰，就让商人的女儿把它们连同账簿一起封好，请官府收去保管。

商人的女儿，李约为她们寻了夫婿。过了很长时间，得到信息的商人亲属赶来清理商人的遗财。他们到官府将商人的遗财同账簿一一对照，发现除一颗宝珠，余者丝毫不差。他们知道那宝珠价值连城，便用询问的眼光看着李约说："酬谢李大人也是应当。"

李约不说什么，只让官府派人与商人的亲属一起去将商人的坟墓挖开了。坟墓挖开，人们都看见，那颗宝珠就在商人尸骸的口中。

李约说："因为我答应他，将这颗珠子放在他的口中……"

□心灵物语

承诺将死之人的委托，经手巨额的资财、珍宝，不办没人指责，侵吞没人知道，不用监视，不用旁证，靠的是什么？诚实！讲的是什么？信用！李约的品德比那颗宝珠更加光彩夺目。

□史海钩沉

韦氏当权

唐神龙元年（705年），宰相张柬之等人发动政变，拥立唐中宗李显复位，恢复唐朝的政权。李旦被立为相王。然而，中宗复位后，却一直受到韦皇后、女儿安乐公主和武则天旧有党羽武三思等人的影响，张柬之等参与政变的人被全部流放或诛杀。

韦皇后有意成为第二个武后，而安乐公主则曾要求被立为皇太女。景龙四年（710年），韦皇后和安乐公主合谋毒杀了中宗，韦皇后立温王李重茂为帝，是为少帝，并欲加害相王李旦。李旦的儿子是临淄王李隆基，他

在姑母太平公主的协助下发动了政变，诛杀韦皇后、安乐公主及武氏残余势力，最终拥立李旦复位。

■文苑荟萃

御史台

御史台是一种官署名，也是一个监察机构。自秦汉以来，历代都会设立御史台，掌管监察之事。

西汉初期，御史大夫的官署称为御史府。后期则改御史大夫为大司空（东汉称司空），御史之长由其副职御史中丞担任。中丞原在殿中兰台办事，为御史之长后仍留台中，因而称其官署为御史台。后来历代沿袭，并有"宪台""兰台"的别称。

唐高宗时，曾以宪台为正式的名称，武则天时一度改名为肃政台。元时，在御史台以外，尚有江南诸道行御史台及陕西诸道行御史台。明初也设有御史台，洪武十五年（1382年）改为都察院，御史台之名被废，但在文章中仍称御史台，如明黄道周《节寰袁公（袁可立）传》："及在御史台，值他御史触上怒，将廷杖，诸御史诣政府乞伸救，辅臣以上意为辞。"

 # 李勉助人不图财

> 李勉（717—788年），字玄卿。唐朝宗室，唐代中期名臣，平叛御边皆有大功，忠于朝廷。唐军克复长安后，李勉升为河南少尹，担任河东节度王思礼、朔方河东都统李国贞的行军司马，后任梁州都督、山南西道观察使。

李勉小时候家里很穷，父亲卖煎饼，母亲给人洗衣服。李勉白天帮助父亲看摊儿，晚上念书学习。他为人诚实、忠厚，街坊邻里都夸赞他。他的文章常常也被老师拿来作示范。

长大后，李勉到京城参加科举考试。在仁升客店里，他认识了一个比自己大的读书人王义，两人性情相投，十分谈得来。李勉和王义同住在一个房间，生活在一起，学习在一起。

一天，王义洗澡着了凉，晚上发高烧，说胡话。李勉侍候他，用湿毛巾给他擦脸降温，整整忙了一夜，王义的高烧还没有退。第二天，李勉请了医生给王义看病，医生说："王义得的是急性肺病，必须赶快医治……"

王义昏昏沉沉，滴水不沾。李勉既要买药，又要煎药，忙得不可开交，没空看书，可他毫无怨言。会试的时间快到了，可王义的病情不但不见好，反而愈来愈重。他含着眼泪对李勉说："贤弟，我已经快不行了，我的病拖累了你，耽误了你读书，实在对不起！"

李勉安慰他说："仁兄，你好好休息，小弟照顾你是应该的。至于会试，今年不行，以后再考也不迟！"

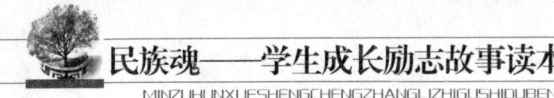

王义听到李勉说出肺腑之言，就紧紧地拉着他的手说："贤弟，我有一事想求你，我的包袱里有100两银子，如果我不行了，你就用它买副棺材，请人把我埋了。剩下的钱，就送给你用吧。"

李勉听到王义说这些话，心里很难过。他噙着眼泪说："王兄，你放心，我会想办法通知你弟弟的……"

第三天，王义死了。李勉买了一副棺材，请了几个脚夫，把王义埋了。在王义的坟上立了一块碑，上面写着王义的名字、籍贯和死亡的时间。

办完丧事，离会试还有三天。这几天，李勉累极了，他稍微休息了一下，便克服疲劳，坚持考完了会试。结果，皇榜一公布，李勉榜上有名，当上了县令。

他虽然当上了官，但王义的事，他始终没有忘记。他几次给王义的弟弟写信，但都没有回音。

转眼10年过去了，李勉已入朝做官。有一天，忽听家人传报，有一个姓王的男子要找他。他立刻召见了那位男子，一问，原来是王义的弟弟。李勉既高兴，又伤心，不知不觉地流下了眼泪。

王义弟弟说："恩人，你的信我都收到了，因家乡发大水，几次搬家，一直到今天才来找你，实在很抱歉……"

李勉把当时他哥哥怎样得病，怎样埋葬，一一向王义的弟弟讲了。最后说："你哥哥的银子，用去20两，剩下80两，我放在棺材里。现在你来了，我交还给你。"

接着，李勉带着他到城外荒地王义的坟墓前，叫人挖开坟墓，打开棺材，把那80两银子原封不动地还给了王义的弟弟。王义弟弟流着眼泪接过银子，说："大哥，听说你当时也很穷，为什么你不用这些银子呢？"

李勉意味深长地说："不是我自己的东西，我是绝对不要的！"

■心灵物语

古语有云："患难时刻见真情。"王义、李勉在进京赶考的路上相遇、相识、相交。在王义病重时，李勉悉心照顾，后又受朋友之托，终朋友之

事。虽然朋友留有钱财，但李勉人穷志不穷，扶危济困，穷不贪财，一身浩然正气令人赞叹！

■史海钩沉

"武曌"名字的来源

唐朝女皇武则天的名称为"曌"，起于她称帝前夕，并非原名，是她的堂外甥凤阁侍郎宗秦客所献的12个新字中的第一个字。

这个新造的"曌"字，虽然意思与"照"字相同，但结构很特殊，能使人联想到日月当空、光芒万丈这一磅礴的景象，这也可能是武则天独钟情于它，并选作自己名字的主要原因。而"则天"二字则是后世对她的称谓，既因武则天当年是在则天门上宣布改唐为周的，又因"则天"二字有"效法于天帝法则"的含义。

到唐开元九年（721年），史官们在编撰《则天实录》一书时，特用"则天"二字来称呼这位既是皇后又当过皇帝的非凡女性。这也是武则天这个特殊名字最早出现的时间。而"武则天"这一名称，则是在后世之人对她的评价逐渐升高以后才随之流行的。

■文苑荟萃

武　举

唐代武则天统治时期，始创了选拔武将的武举考试，称为武举。到清朝时则改称为武科。

历史上武举一共进行过约500多次。相对于文科举来说，武科举不太受重视，所以历朝的武举时而被废，时而恢复。而武举出身的官员的地位，也要低于文科出身的进士。

唐代的武举主要是考举重、骑射、步射、马枪等技术，此外，对考生外在相貌也有要求，要"躯干雄伟，可以为将帅者"。

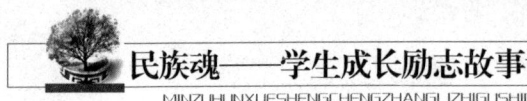

　　宋代时，规定武举不能只有武力，还要"副之策略"，问孙吴兵法等。

　　到了明朝时，更改为"先之以谋略，次之以武艺"，如果在答策的笔试中不及格，不能参考武试。初期的笔试考三题，试策两题，另一题论考四书。后来四书的题目改为默写武经，武试则最少要求骑射九矢中三，步射九矢中五。

　　至清朝时，改为先试马步射，马射二回六矢，中三为合；步射九矢中五为合，之后比拼力气，包括拉硬弓、舞刀、举石。弓分八、十、十二力；刀分八十、百、一百二十斤；石分二百、二百五十、三百斤，合格者才能参加笔试。

　　宋代以前，并没有设立"武状元"。首名武状元产生于宋神宗时期，为福建人薛奕，后在与西夏作战时战死。历史上武举出身的著名武将还有唐代的郭子仪（唐玄宗开元初年武举异等）、北宋的徐徽言（文进士出身，后弃文习武，宋徽宗授武状元）、明代的戚继光（明世宗嘉靖年武进士），等等。

少年晏殊中进士

> 晏殊（991—1055年），字同叔，北宋前期婉约派词人之一，汉族，抚州临川文港乡人。14岁时就因才华横溢而被朝廷赐为进士。之后到秘书省做正字，宋仁宗即位之后，升官做了集贤殿学士。仁宗至和二年，65岁时过世。性刚简，自奉清俭。能荐拔人才，如范仲淹、欧阳修均出其门下。他生平著作相当丰富，共有文集140卷，及删次梁陈以下名臣述作为《集选》100卷，一说删并《世说新语》。主要作品有《珠玉词》。

　　晏殊是北宋著名的文学家，他不仅诗词写得好，而且也是有名的政治家和学者。

　　晏殊在十三四岁时，就已经以博学多才出了名。后来，他被地方官作为"神童"推荐给朝廷，让他去面见皇上。

　　巧的是，晏殊在到达京城时，正好赶上科举会试。考生们都是经过各省选拔、成绩名列前茅的才子。由于晏殊是作为"神童"选来觐见皇帝的，本可以不参加考试，但晏殊觉得只有经过考试，才能检验自己是否有真才实学。于是，他也申请参加考试，并得到了皇上的批准。

　　考试当天，考场上汇聚了1000多名从各地赶来的考生。他们有的是连考多年、两鬓斑白的老先生，有的是风华正茂的青年书生，其中只有晏殊年龄最小，还不满14岁。一开始，他心里还有点儿紧张。可转念一想，自己年纪还小，如果证明自己的学问确实不够，那就回家继续

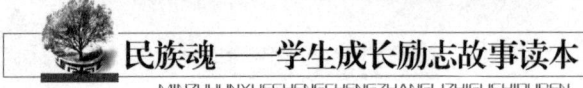

苦读，有什么可怕的呢？

等考题发下来，晏殊定睛一看，简直不敢相信自己的眼睛！原来，这个题目自己曾经做过，那篇文章还受到好几位名师的称赞和指点呢。这时候，晏殊的心里就开始斗争了。按说那篇文章的确是自己独立写成的，现在把它照样抄下来，当然也能反映自己的水平，不应该算是作弊。可是，不管怎么说，那毕竟是在自己的家里写作，气氛当然不像这里紧张、肃穆。如果是在考场上，恐怕就不一定能写得那么好了。晏殊想起老师曾经讲过做学问必须诚实，如果对自己放松要求，那只能是害了自己。

想到这里，晏殊决定把实话讲出来，要求主考官给自己另换一个试题。可是，考场上的规矩很严，晏殊几次想说话，都被监考人制止了。迫不得已，晏殊只好以那篇文章为基础，又做了些修改加工，写好之后，交了卷。

几天之后，十几位成绩最好的考生被召集到朝廷大殿上，接受皇上的复试，晏殊当然也在其中。轮到晏殊时，皇上高兴地对他说："你的文章，我亲自看过了，没想到你小小年纪，竟有这样好的学问。"

不料，晏殊却跪下来，自称有罪。接着，就把自己曾经做过那个题目的事情讲了一遍，并且要求皇上另出一个题目，当堂考他。

晏殊说完，大殿上鸦雀无声，众人都惊呆了，心想这个少年真是傻到极点了，遇到自己做过的考题，那简直就是天大的好事呀，怎么反倒要求换个题目，另考一遍呢？

过了片刻，皇上突然大笑起来，说道："真看不出，你这孩子不仅学问好，还这样诚实、有志气。好吧，我就成全你吧。"

当下，皇上与大臣们一商议，就出了一个难度更大的题目，让晏殊当堂做文章。晏殊压抑住内心的紧张，很快写好了一篇文章交上去。大家一看，都称赞写得不错。皇上十分高兴，连连夸奖晏殊，并且当场授予晏殊一个等同于进士的学位，还吩咐人给晏殊安排一个官职，先让他锻炼一下，期望他日后成为国家的栋梁之材。

■心灵物语

　　诚实是不需要让别人看见的。晏殊诚实无欺，外不欺人，内不欺己，他诚实的品质实在让人敬佩，堪称我们后人学习的典范。

■史海钩沉

无可奈何花落去，似曾相识燕归来

　　有一次，晏殊路过扬州，在城里走累了，就到大明寺里休息。

　　进了庙里，晏殊就看到墙上写了好些题诗。他就找了把椅子坐下，然后让随从给他念墙上的诗，可不许念出题诗人的名字和身份。晏殊听了会儿，觉得有一首诗写得挺不错，就问："哪位写的？"

　　随从回答说："写诗的人叫王琪。"

　　晏殊就派人去找这个王琪。

　　王琪被找来了后，拜见了晏殊。晏殊跟他聊了一会儿，挺谈得来，就高兴地请他吃饭。两个人吃完饭后，便一块儿到后花园去散步。这时正值晚春，满地都是落花。一阵微风吹过，花瓣一团团地随风飘舞，好看极了。晏殊看了，猛地触动了自己的心事，不由得对王琪说："王先生，我每想出个好句子，就写在墙上，再琢磨个下句。可有个句子，我想了好几年，也没琢磨出好的下句。"

　　王琪连忙问："请大人说说是个什么句子！"

　　晏殊就念了一句："无可奈何花落去。"

　　王琪听了，马上就说："您干吗不对个——'似曾相识燕归来？'"

　　下句的意思是说，天气转暖，燕子又从南方飞回来了，这些燕子好像是以前见过的。

　　晏殊一听，拍手叫好，连声说："妙，妙，太妙了！"

　　王琪的下句对得确实好，跟上句一样，说的都是春天的景色。拿"燕归来"对"花落去"，既工整又巧妙。用"似曾相识"对"无可奈何"也恰到好处。这两句的音调正好平仄相对，念起来非常和谐好听。

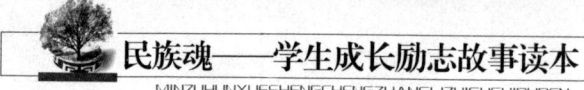

□文苑荟萃

蝶恋花

（宋）晏　殊

槛菊愁烟兰泣露，罗幕轻寒，燕子双飞去。

明月不谙离别苦，斜光到晓穿朱户。

昨夜西风凋碧树，独上高楼，望尽天涯路。

欲寄彩笺兼尺素，山长水阔知何处？

清平乐

（宋）晏　殊

红笺小字，说尽平生意。

鸿雁在云鱼在水，惆怅此情难寄。

斜阳独倚西楼，遥山恰对帘钩。

人面不知何处，绿波依旧东流。

"梨无主 心有主"

> 许衡（1209—1281年），字仲平，世称"鲁斋先生"。出生于金卫绍王大安元年。祖籍怀州河内李封人，谥文正，封魏国公。他是中国13世纪杰出的思想家、教育家和天文历法学家。据《元史》《许文正公遗书》《许文正公世家谱》《元朝名臣事略》《元文类》《蒙兀儿史记》以及《辞源》《辞海》《中国人名大辞典·历史人物卷》等史料记载，许衡青少年时即聪敏勤学，博览群书并立志学以致用。成年后，"凡经传、子史、礼乐、名物、星历、兵刑、食货、水利之类，无所不讲"。

许衡在元世祖时先任国子祭酒、议事中书省，后拜为中书左丞。

还是宋元交替时夏季的一天，许衡同几个旅伴一起赶路。头上是火辣辣的太阳，照得眼前白花花的，往四周一望，看不到一棵树可以遮阴。他们已经整整一个上午没见到一个人影，没见到一口水井了。几个人从头到脚都像是水洗的一样，汗水把衣服都浸透了，嗓子像要冒烟了一样。

"哎呀，怎么连一点儿水的影子也见不到啊？"一个人说。

"是啊，这时候如果能喝到一杯茶，花多少银子我都舍得。"另一个人说。

许衡边喘着粗气边说："这一带，前不久刚刚打完一场大仗，几十

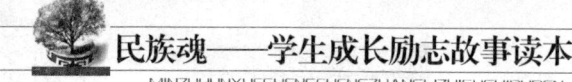

里不闻鸡鸣犬吠，百姓不知都逃到哪里去了……"他说不下去了，觉得嗓子冒火，呼出的气都热乎乎的。

又走了一阵，一个人耐不得寂寞，说："你们听说过吗？当年汉末的时候，曹操带领数万大军顶着烈日行军，军士们一个个唇焦口燥。忽然，曹操扬鞭指着前面说道：'你们看，前面乃是乌森森一片梅林。'说得众军士口内生津。"另一人接过话头："真有那么一片梅林就好了……"他说着往前面一指，忽然，他的手停在空中不动了，话也不说了，因为他看见远处隐隐有树影。

别人也看见了，众人加快脚步奔去。

嘿，真的是一棵树，比梅树还好，是一棵梨树。树身高大，枝叶茂密，树下浓荫一片。最吸引人的还是那缀满树枝的颗颗黄梨。

众人跑到树下，顾不得乘凉，纷纷摘梨，摘下来急忙往嘴里送，一时谁也顾不得说话。

吃得差不多了，众人才注意到，许衡在一处阴凉坐着，树上的梨他竟碰也没碰。

"为什么愣着？"有人拍拍许衡的肩膀，"摘梨啊，还等着别人送吗？"

许衡轻轻摇头，只是撩着衣襟扇凉。

"怕是累得动不了吧？给！"有人说着将梨递给许衡。许衡没接，转过头皱皱眉。

那人举着梨说："吃吧，是好梨，又甜又脆，吃几个解解暑气。"

"这梨怎么能吃呢？"许衡说。

"这梨怎么不能吃？"好几个人同声问，眼睛打量手里的梨。

"我不是说梨。"许衡说。

"那——"

"我是说，梨的主人不在，我要买梨来吃，钱都无处付给。不付钱吃人家的梨，那不就同偷吃一样了吗？"

听许衡这么一说，有人笑了："咳，这是大战场之内，连个人影都不见，还有什么梨主啊？你不吃，这些梨也许会白白烂掉呢！"

许衡用手指着自己的胸口说："即使梨没有主人，我自己可有心。宁可梨烂掉，自己也不能欺心。"

一个人又说："吃几个梨，又算得了什么大事，何必如此认真？"许衡说："事无论大小，都有是非曲直，怎么能因为事小就不诚实呢？小事不诚实，大事怎么能诚实呢？"

别人都不说什么了，也没人再劝许衡吃梨，都自己找阴凉地方坐下或躺下。有的人还把手里的梨偷偷地丢到草丛中去了。

休息了一阵，众人觉得不像刚才那样焦热干渴了，就站起身来继续赶路。

有人因为刚才摘梨、吃梨，看着许衡，觉得有点儿理亏，就自我解嘲似地说："刚才的事，幸亏没有谁看见。"

许衡笑一笑，心里说："有人看见，还用得着诚实吗？"

心灵物语

许衡的行为告诉我们，诚实，并不是做给别人看的。该做的，没人看见也要做；不该做的，没人看见也不做。人前人后一个样，这才是真正的诚信。

史海钩沉

大元一统

1271 年（至元八年），蒙古大汗忽必烈公布了《建国号诏》法令，取《易经》中"大哉乾元"之意，正式命名国号为"大元"。

1272 年，在刘秉忠的规划下，元朝在中原的大都（今北京市）建都，元朝的统治中心从此完全向中原转移。

1273 年，元军攻陷樊城。不久，襄阳守将吕文焕投降。随后，元丞相伯颜督率大军沿江东下，南宋守将随即或败或降。1275 年，南宋奸臣贾似

道被迫出兵应战，但很快便溃不成军。

1276年（至元十三年），临安陷落，宋恭帝被俘。此后，南宋大臣文天祥与张世杰、陆秀夫等人继续在东南沿海坚持抗元斗争，拥立益王赵昰为帝。赵昰死后，又拥立卫王赵昺，继续进行抗元斗争。1278年底，文天祥兵败被俘。文天祥被囚于大都三年之久，因拒绝元朝的诱降，最后从容就义。

1279年（至元十六年），元将张弘范指挥元军在崖山消灭了南宋最后的抵抗势力，陆秀夫背着9岁的小皇帝赵昺投海而死，南宋至此彻底灭亡。

■文苑荟萃

散 曲

散曲被元人称为"乐府"或"今乐府"。散曲之名最早见之于文献，是明朝初年朱有敦的《诚斋乐府》。不过，该书所讲的散曲专指小令，还不包括套数。明朝中期后，散曲的范围逐渐扩大，套数也被包括进来。到了20世纪初，吴梅、任讷等曲学家的一系列论著问世，散曲便作为包容小令和套数的完整文体概念，最终被确定了下来。散曲的产生与词产生的情形十分相似，也产生于民间的俗谣俚曲。

散曲是一种同音乐结合的长短句歌词，经过长期的酝酿，到宋金时期，又吸收了一些民间流行的曲词，尤其是少数民族的乐曲侵入，并与中原的正乐相互融合，最终导致传统的词和词曲不能再适应新的音乐形式，于是便逐步形成了一种新的诗歌形式。可以说，散曲的兴起和词的衰退几乎是同时进行的。

由于散曲起源于金元时期的北方，故而散曲又称为北曲。

 # 顾炎武治学不抄袭

> 顾炎武（1613—1682年），苏州府昆山县（今江苏昆山）人。原名绛，字忠清。明亡后改名炎武，字宁人，亦自署蒋山佣，学者尊称为亭林先生。明末清初著名的思想家、史学家、语言学家。曾参加抗清斗争，后来致力于学术研究。晚年侧重经学的考证，考订古音，分古韵为10部。著有《日知录》《音学五书》等。他是清代古韵学的开山鼻祖，成果累累；他对切韵学也有贡献，但不如他对古韵学的贡献多。

明清时期杰出的思想家和史学家顾炎武，用大半生的时间和精力写了一部80万言的读书札记《日知录》。

这是一部"负经世之志，著资治之书"的巨著，"凡关家国之制，皆洞悉其所由盛衰利弊，而慨然著其化裁通变之道，词尤切至明白"（清黄汝成：《日知录集释》叙）。《日知录》问世后的300多年来，始终被学术界尊为精品，以至成为清代文史大家如阎若璩、钱大昕、唐甄、朱彝尊、方苞、全祖望、戴震、赵翼、姚鼐、洪亮吉、刘逢禄、魏源等一再疏正论辩的"显学"。

虽然《日知录》是一部倾注大量心血精练而成的巨著，但顾炎武为该书所写的自序却只有短短的61字。

"愚自少读书，有所得，辄记之。其有不合，时复改定。或古人先我而有者，则遂削之。积三十余年，乃成一编。取子夏之言，名曰《日

知录》，以正后之君子。东吴顾炎武。"

如果再减掉书名来源和作者籍贯、姓名所占的15字外，这篇自序仅有46字，真是精练得不能再精练了。

这篇序的意思是说，我从小读书养成一个习惯，每有心得，便信手记录下来。日后发现与新材料和新认识有不同之处，就反复修改。倘若发现与古人所见略同，则干脆删除。日积月累，花30年工夫写成本书，期待后世方家审正。

自序中所言的"愚自少读书，有所得，辄记之""或古人先我而有者，则遂削之"，是一种谦虚务实的态度，表现了顾炎武刻苦钻研、独立思考、尊重先辈劳动、不掠他人之美的严谨治学态度；"其有不合，时复改定""以正后之君子"，是求真，反映了顾炎武勇于探索、认真修正、谦虚谨慎、无愧于后人检验的扎实治学精神。

顾炎武毕生都提倡务实求真、去芜存菁的学风，反对治学中的蜻蜓点水和沽名钓誉现象。他将追名逐利、草率自刻文集的人斥之为"失足落井"，把不辨良莠、盲目为这类文集作序的行为斥之为"落井下石"："某君欲自刻其文集，以求名于世，此如人之失足而坠井也。若更为之序，岂不犹之下石乎！"他更鄙视投机取巧、粗制滥造，甚至变相攫取前人学术成果的劣迹。

顾炎武在《与人书十》中，以铸钱来比喻治学，抨击不学无术之徒想铸新钱又不肯"采铜于山"，只好去收买"废铜"或"将古人传世之宝，舂锉碎散"，偷工减料，以次充好。

"尝谓今人纂辑之书，正如今人之铸钱。古人采铜于山，今人则买旧钱，名之曰废铜，以充铸而已。所铸之钱，既已粗恶，而又将古人传世之宝，舂锉碎散，不存于后，岂不两失之乎！"

与这些投机取巧的做法不同，顾炎武治学则本着精品意识，惨淡经营，一丝不苟。他常年埋头于汗牛充栋的史料之中，披沙拣金，为辑《天下郡国利病书》而"历览二十一史以及天下郡县志书，一代名公文集及章奏文册之类"，有得即录，可谓竭泽而渔了。然而，他仍然时常感到书中尚有"与今不尽合"之处，亦须"增补"。所以在完稿之后，

"存之箧中"，不肯轻易示人，"以待后之君子斟酌去取"。他对待著述精益求精、慎之又慎的精品意识，是何等令人肃然起敬！

当友人向顾炎武问起《日知录》的写作进度时，他总是如实回答："某自别来一载，早夜诵读，反复寻究，仅得十余条。然庶几采山之铜也。"古往今来，精辟的读书札记大多以短见长，少者数十字，多者数百字，最多者也不过两三千字。顾炎武潜心"采山之铜"，笔耕一年，"反复寻究，仅得十余条"，充其量也不过万把字。这种"十年磨一剑"的经验之谈，又是何等令人振聋发聩！

■心灵物语

顾炎武治学的精品意识，源于他对社会、对真理的责任意识。他治学绝非一时心血来潮，即兴而作，而是作为毕生的追求，数年如一日，锲而不舍。用他的话来说，就是"平生之志与业，皆在其中"（《又与友人论门人书》）。

■史海钩沉

李自成建立"大顺"

1640年，李自成趁明军的主力在四川追剿张献忠起义军之际进入河南，收留那里的饥民。郑廉在《豫变纪略》中记载了李自成大赈饥民的盛况："向之朽贯红粟，贼乃藉之，以出示开仓而赈饥民。远近饥民荷锄而往，应之者如流水，日夜不绝，一呼百万，而其势燎原不可扑。"

从这时起，李自成的军队便发展到数万人，提出了"均田免赋"的口号，即民歌之"迎闯王，不纳粮"。

崇祯十四年正月二十日（1641年1月），李自成率领军队攻克洛阳，杀死了万历皇帝的儿子福王朱常洵，从后园弄出几头鹿，与福王的肉一起共煮，名为"福禄宴"，与将士们共享，称"奉天倡义文武大元帅"。

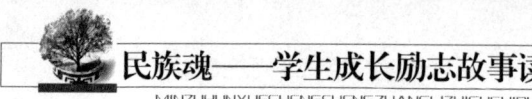
之后一年半的时间，李自成三围省城开封未果，最后一次是在1642年，当时黄河决堤冲毁开封，李自成才进城，他先后杀死陕西总督傅宗龙、汪乔年。10月，在河南郏县打败明陕西巡抚孙传庭。与此同时，明朝对清朝战事不利，3月，洪承畴降清。11月，清军第五次入塞，深入山东，掠走36万人。

1643年1月，李自成在襄阳称"新顺王"。3月，李自成杀掉了与自己合军的农民领袖罗汝才。4月，又杀叛将袁时中。10月，李自成攻破潼关，杀死督师孙传庭，占领陕西全省。1644年1月，李自成在西安称帝，以李继迁为太祖，建国号"大顺"。

□文苑荟萃

《日知录》

有亡国，有亡天下，亡国与亡天下奚辨？曰：易姓改号，谓之亡国。仁义充塞，而至于兽食人，人将相食，谓之亡天下。

魏晋人之清谈，何以亡天下？是孟子所谓杨墨之言，至于使天下无父无君而入禽兽者也。昔者嵇绍之父康，被杀于晋文王，至武帝革命之时，而山涛荐之入仕。绍时屏居私门，欲辞不就，涛谓之曰："为君思之久矣，天地四时犹有消息，而况于人乎？"一时传诵以为明言。而不知其败义伤教至于率天下而无父者也！夫绍之于晋，非其君也，忘其父而事其非君。当其未死三十余年之间，为无父之人亦已久矣！而汤阴之死，何足以赎其罪乎？且其入仕之初，岂知必有乘舆败绩之事？而可树其忠名以盖于晚也。

自正始以来，而大义之不明，遍于天下。如山涛者，既为邪说之魁，遂使嵇绍之贤且犯天下之不韪而不顾。夫邪正之说不容两立，使谓绍为忠，则必谓王裒为不忠而后可也。何怪其相率臣于刘聪、石勒，其故主青衣行酒，而不以动其心者乎？是故知保天下然后知保其国。保国者其君其臣，肉食者谋之；保天下者，匹夫之贱与有责焉耳。

 # 谭其骧治学以诚为本

谭其骧（1911—1992年），字季龙，笔名禾子，浙江嘉善人。1930年，毕业于暨南大学历史系，1932年，毕业于燕京大学研究生院。1950年起在复旦大学任教，建立了中国历史地理研究室，后升级为研究所，历任历史系主任、历史地理研究所主任，校务委员会委员。当选为第三、四、五届全国人大代表，上海市第八届政协委员。1980年，当选为中国科学院地学部委员，长期从事中国历史地理、中国史研究和中国历史地图的绘编。

上海复旦大学教授谭其骧是当代著名学者，是中国历史地理学的主要奠基人之一。

20世纪50年代末，毛泽东主席亲自委托他主编一部《中国历史地图集》，这是一项巨大的学术工程。为了完成这项工程，国家在复旦大学设立了"中国历史地理研究所"。1963年，10名还未毕业的大学生被派入编辑组，参加这项工作。谭教授对他们说："欢迎大家参与我们的事业，我们最基本的原则是实事求是，一切遵照历史事实！"

有一天，谭教授检查新绘的草图，发现一张图上有明显的错误。他对绘制这张图的青年学者说："这张图将当时的国界线绘错了，请改正过来。"

过了几天，谭教授发现青年学者绘错的草图原封不动，就问："这是一张明朝的草图，而不是当代中国地图，你怎么把国界线画得跟现在

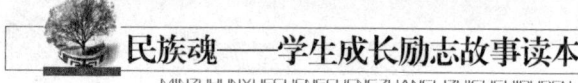

一样呢？"

接着，谭教授指着墙上的大地图说："明代中原王朝的行政区域在东北地区，达到了黑龙江的出海口，那里是奴儿干都司的管辖地。可是华北和西北呢？明代重修了万里长城，派了重兵驻守长城，而长城以外，在明代后期就是蒙古族控制的地区了。我们绘图必须尊重这个历史事实。"

青年学者说："先生，这会不会犯卖国主义的错误？"

谭教授感到这个问题问得很奇怪，就问他说："怎么会犯卖国主义错误呢？"青年学者说："先生，如果强调这对中原王朝的实际控制线在长城以内，那么，会不会损害我国领土和主权的完整？况且，有些外国人也在叫嚷万里长城就是中国的边境。"

谭教授耐心地说："历史是一个不断发展、变化的过程，你所说的那个外国，那时才开始在东欧兴起。"

接着，谭教授举起教鞭，在墙上那幅大图跟前站定，说："清朝鼎盛时期，中国领土约1300万平方公里，包括了长城内外。但是中国近代受到侵略，统治者丧权辱国，直到1946年，中国领土损失了300多万平方公里，还有960万平方公里，当然也包括了长城内外。至于明朝取代元朝后，我国的疆域不与今天的国境线重合，这是我们必须尊重的历史事实！总之，中原王朝的疆域，历代都是发展变化的。"

青年学者却说："先生，有关部门的人说：'历史地图中凡涉及边界画法处，当然得听有关领导机构的意见，学者不应自作主张'，还说：'历代中原王朝边界只能画在现在的国界之外，至少与今天的国界相同，不允许以任何理由画在今天的国界之内，凡违反此原则者，即犯卖国主义错误。'您看呢？"

谭教授说："这种说法是最令人痛心的！"他说："我反对将学术上的分歧上升为政治分歧。至于我本人，我可以明确地告诉你们：图可以不出，主编可以不当，历史事实不能随便更改。这就是我主持编著这部《中国历史地图集》所坚持的态度！"

□ **心灵物语**

谭其骧以严谨诚实的态度主持编出了一部科学的、真实、准确的《中国历史地图集》。他的这种治学严谨、做事诚实的工作态度当是我们当代青少年学习的典范。

□ **史海钩沉**

谭其骧的求学时期

1926年，年仅16岁的谭其骧已经在上海大学和暨南大学读书了。毕业后，他考入了北平燕京大学研究生院，成为顾颉刚先生的研究生。

顾先生的严谨治学和虚怀若谷的精神，给谭其骧树立了做人做事的好榜样。更重要的是，从这个时候起，他就对历史地理学产生了浓厚的兴趣，为日后的做研究工作打下了良好的基础。

□ **文苑荟萃**

《中国历史地图集》

《中国历史地图集》是以中国历代疆域政区为主的地图集，由上海复旦大学著名教授谭其骧主编。

该地图集自原始社会至清末，按历史时期共分为8册、20个图组，共304幅地图（插图未计在内）。地图全部采用的是古今对照的形式，内容包括：已公布的原始社会遗址和其他时期的重大遗址，各民族政权的疆域或活动范围、政区和一些部族的分布，秦以前可考地名、秦以后全部可考县以上政区（含县）和县以下重要地名的位置或范围，可考的长城、关津、堡塞、谷道、陵墓、庭帐等，主要的河流、湖泊、山岭及海岸线、岛屿等。各册都有编例和地名索引，共收录地名约7万个。

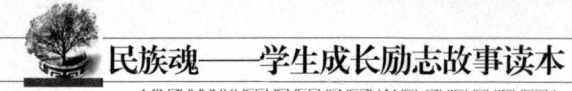

 # 邓增其勇于认错

邓增其（1973—1986年），原为河北省武安市贺赵小学五年级学生。在1986年1月8日扑灭山火的搏斗中被烧伤，因抢救无效，光荣牺牲。河北省教委、共青团河北省委授予他"舍身护林小英雄"的称号；全国少工委，《中国少年报》报社联合授予他"中国好少年"光荣奖。

邓增其生前就曾以刻苦学习、热爱劳动、关心集体、乐于助人、艰苦朴素、诚实勇敢的突出表现，多次被评为"三好学生"。

有一次，增其的母亲去给住在邻村的增其姐姐的孩子"做满月"。增其想念姐姐，也跟着去了。到了姐姐家，正赶上村里请来戏班子唱大戏。对山区里的孩子来说，能看一场戏或电影可是不容易，何况增其又非常喜欢看戏呢！于是，增其就在姐姐家住下了。

两天半后，增其回到学校，老师把他叫到办公室，问："这两天你怎么没有来上课？"

"俺……俺……"增其支支吾吾地说不上来。

"到底怎么啦？"

"俺爹、俺娘全去我姐家了，家里没人做饭。"增其怕说出实情被老师批评，就吞吞吐吐地撒了个谎。"以后可不能这样了，听见了吗？"老师说了几句，便让他走了。

增其从办公室出来，松了一口气儿，庆幸自己看戏的事儿没被老师发现。可他又觉得自己这样做不对：作为一个红领巾，应该诚实，说谎是可耻的。他想向老师承认错误，但又始终鼓不起勇气。

一连两三天，增其总感到不安，处于矛盾之中。"算了吧，以后不再犯这样的错误就行了。"有时这种心理占了上风。"有了错误不承认，这是错上加错。"有时，这种心理又占了上风。最后，他还是勇敢地敲开了老师办公室的门。

"老师，俺说谎了，上次俺爹没去俺姐家，俺跟俺娘去了俺姐家，俺是因为看戏才没到校上课……"增其满脸通红，不好意思地低着头说。

老师并没有批评他，反而和蔼地说："做人办事应该诚实，你这样做就对了。犯错误不要紧，只要能承认并且改正就行。"

在班里，老师还当着全班同学的面表扬了增其诚实、勇于承认错误的品德。直到这时，邓增其才真正地感到浑身轻松。

■心灵物语

在思想斗争中，正确的思想占了上风，邓增其勇于承认错误、勇于改正错误的精神是值得表扬的，是值得我们当代青少年学习的。

■史海钩沉

邓增其救火牺牲

1986年1月8日下午，贺赵庄村西的林业山坡突然燃起了熊熊大火。一瞬间，浓烟滚滚，几百亩山林将毁于一旦。

在这个紧要的关头，村党支部迅速组织村民上山救火，学校也紧急动员高年级的学生一同到上山灭火。邓增其和其他同学到火场后，奋力扑火，哪里火势大就冲向哪里。突然一阵狂风，把大片火苗引到了邓增其的身上，烧着了他穿的棉袄、棉裤。邓增其顿时便成了一个火人。

当人们发现邓增其被大火烧着了，马上前去抢救他时，他已经休克在地。村委、学校立即把他护送到医院，邓增其的全身烧伤面积达80%以上。最终因抢救无效，邓增其为保护集体财产而献出了自己年少的生命。

邓增其牺牲后，河北省教委、团委授予邓增其"舍身护林小英雄"的称号，经省民政厅报请河北省人民政府批准，追认其为烈士。

■文苑荟萃

红领巾的由来

1922年2月13日，世界上第一个由工人阶级政党领导的少先队组织在苏联莫斯科诞生了。

刚刚成立的少先队是没有任何特殊标志的，因为那时的饥饿、困难正在威胁着全苏联的人民，所以人们根本考虑不到少先队标志问题。列宁的夫人克鲁普斯卡娅十分关心下一代的成长，建议共青团给少先队员们设计一个标志。在一次接受新队员的大会上，来参加会议的先进女工把自己的红色三角头巾解下来，系在少先队员的脖子上，勉励他们说："戴着它，别玷污了它！它的颜色是同革命战旗是一样的！"红领巾就这样诞生了。

20世纪20年代，省港大罢工和五卅惨案时期，一群流浪街头的苦孩子在党组织的帮助下，成长为光荣的劳动童子团团员，在革命斗争中成长起来。红领巾不仅仅代表队旗一角、烈士的鲜血，它更是一个时代的象征，象征着少年先锋队的前身——劳动童子团在艰苦的环境中一腔热情投入革命事业，经历了血与火的考验。